Kauderwelsc
Band 79

W0222413

Andreaskirche, Kiew

Impressum

Ulrike Grube & Natalja Börner
Ukrainisch – Wort für Wort
erschienen im
Reise Know-How Verlag Peter Rump GmbH
Osnabrücker Str. 79, D-33649 Bielefeld
info@reise-know-how.de

9. Auflage 2020

Layout Svenja Lutterbeck, Oliver A. Iggesen
Layout-Konzept Günter Pawlak, FaktorZwo! Bielefeld
Umschlag Peter Rump (Coverfoto: Sergii Figurnyj@Fotolia.com)
Kartographie Iain Macneish
Fotos Fotografen@Fotolia.com (Nachweis am jeweiligen Foto)
Gesamtherstellung Himmer GmbH Druckerei & Verlag, Augsburg

ISBN 978-3-8317-6460-0

Printed in Germany

Wer im Buchhandel kein Glück hat, bekommt unsere Bücher auch direkt über unseren Internet-Shop:

www.reise-know-how.de

Die Internetseiten mit Aussprachebeispielen und der Zugriff auf diese über QR-Codes sind eine freiwillige, kostenlose Zusatzleistung des Verlages. Der Verlag behält sich vor, die Bereitstellung des Angebotes und die Möglichkeit der Nutzung zeitlich und inhaltlich zu beschränken. Der Verlag übernimmt keine Garantie für das Funktionieren der Seiten und keine Haftung für Schäden, die aus dem Gebrauch der Seiten resultieren. Es besteht ferner kein Anspruch auf eine unbefristete Bereitstellung der Seiten.

Der Verlag möchte die **Reihe Kauderwelsch** weiter ausbauen und **sucht Autoren!** Mehr Informationen finden Sie unter ***www.reise-know-how.de/verlag/mitarbeit***

Kauderwelsch

Ulrike Grube &
Natalja Börner

Ukrainisch

Wort für Wort

Kauderwelsch heißt:

- Schnell mit dem **Sprechen** beginnen, auch wenn nicht immer alles korrekt ist.
- Von der **Grammatik** wird nur das Wichtigste in einfachen Worten erklärt.
- Alle Beispielsätze werden doppelt ins Deutsche übertragen: erst **Wort-für-Wort,** dann in normales Deutsch. Die Wort-für-Wort-Übersetzung hilft, die neue Sprache schneller zu durchschauen, außerdem lassen sich dadurch leichter einzelne Wörter im fremdsprachigen Satz austauschen.
- Es geht um die **Alltagssprache,** also das, was man tatsächlich auf der Straße hört.
- Die **Autoren** sind entweder Reisende, die die Sprache im Land selbst gelernt haben, oder Muttersprachler.

Kauderwelsch-Sprachführer sind keine Lehrbücher, aber viel mehr als traditionelle Reisesprachführer. Wer ein wenig Zeit investiert, einige Vokabeln lernt und die Sprache im Land anwendet, wird **Türen öffnen,** ein Lächeln ins Gesicht zaubern und reichere Erfahrungen machen.

Talk to each other!

Kauderwelsch zum Anhören

Einzelne Sätze und Ausdrücke aus diesem Buch können Sie sich **kostenlos anhören.** Diese **Aussprachebeispiele** erreichen Sie über die im Buch abgedruckten QR-Codes oder diese Adresse: www.reise-know-how.de/kauderwelsch/079

Die Aussprachebeispiele im Buch sind Auszüge aus dem umfassenden Tonmaterial, das unter dem Titel **„Kauderwelsch AusspracheTrainer Ukrainisch"** separat als Download (ISBN 978-3-95852-152-0) über Online-Hörbuch-shops erhältlich ist. Sie erhalten ihn auch über unsere Internetseite:

- **www.reise-know-how.de**

Alle Sätze, die Sie auf dem AusspracheTrainer hören können, sind in diesem Buch mit einem 👂 gekennzeichnet.

Inhalt

Unabhängigkeitsplatz (Majdan), Kiew

Vorwort

Laßkawo proßymo! heißt im Ukrainischen „Herzlich Willkommen!“. In diesem Sinne wollen wir Sie begrüßen und freuen uns, dass Sie sich für eine Reise in die Ukraine entschieden haben oder es vielleicht erst einmal nur gedanklich planen. Wer vorhat, die Ukraine und die Ukrainer ohne Reiseleiter und Dolmetscher näher kennen zu lernen, kommt ohne Grundkenntnisse der ukrainischen Sprache nicht aus, und diese vermittelt der vorliegende Kauderwelsch-Band „Ukrainisch“. Ziel ist die Kommunikation in wichtigen (touristischen) Alltagssituationen. Gespickt mit vielen Tipps ist er ein unentbehrlicher Ratgeber und Begleiter. Schon wenige Sätze auf Ukrainisch öffnen Ihnen die Türen und vor allem die Herzen der äußerst gastfreundlichen Ukrainer, die immer wieder von neuem überrascht und sehr erfreut sind, wenn gerade Ausländer ihre Sprache ein wenig sprechen können. Die Ukrainer sind stolz auf ihr Land, ihre Geschichte und Kultur und betrachten ukrainische Sprachkenntnisse als besondere Wertschätzung ihnen gegenüber.

Insbesondere für alles Westliche oder aus dem westlichen Ausland Stammende zeigen die Ukrainer großes Interesse, wenn damit auch oft Illusionen über das Leben in Mitteleuropa verbunden sind.

Vielleicht lernen Sie die Ukraine und ihre Menschen so schätzen und lieben, wie wir es tun und es Ihnen mit diesem Büchlein vermitteln wollen. Und vielleicht planen Sie nach Ihrem ersten Besuch recht bald einen zweiten ...

Natalja Börner und Ulrike Grube

Hinweise zur Benutzung

Natürlich kann man die Grammatik auch überspringen und sofort mit dem Konversationsteil beginnen. Wenn dann Fragen auftauchen, kann man immer noch in der Grammatik nachsehen.

Der Kauderwelsch-Band „Ukrainisch" ist in drei wichtige Abschnitte gegliedert:

Die **Grammatik** beschränkt sich auf das Wesentliche und ist so einfach gehalten wie möglich. Deshalb sind auch nicht sämtliche Ausnahmen und Unregelmäßigkeiten der Sprache erklärt. Wer nach der Lektüre gerne noch tiefer in die Grammatik des Ukrainischen eindringen möchte, findet im Anhang eine Bücherliste mit weiterführenden Lehrbüchern.

Im Abschnitt **Konversation** finden Sie Sätze aus dem Alltagsgespräch, die Ihnen einen ersten Eindruck davon vermitteln sollen, wie die ukrainische Sprache „funktioniert", und die Sie auf das vorbereiten sollen, was Sie später in der Ukraine hören werden.

Jede Sprache hat ein typisches Satzbaumuster. Um die sich vom Deutschen unterscheidende Wortfolge ukrainischer Sätze zu verstehen, ist die **Wort-für-Wort-Übersetzung** in *kursiver* Schrift gedacht. Jedem ukrainischen Wort entspricht ein Wort in der Wort-für-Wort-Übersetzung.

Wird ein ukrainisches Wort im Deutschen durch zwei Wörter übersetzt, werden diese zwei Wörter in der Wort-für-Wort-Übersetzung mit einem Bindestrich verbunden. Werden in einem Satz mehrere Wörter angegeben, die man untereinander austauschen kann, wird das durch einen Schrägstrich kenntlich gemacht.

Ja nimken'a / schwejzarka.
ich Deutsche / Schweizerin
Ich bin Deutsche / Schweizerin.

Obowjaskowo pryjdu!
unbedingt (ich-)komme
Ich komme bestimmt!

Häufig ist zum besseren Verständnis bei Tätigkeitswörtern auch das persönliche Fürwort in Klammern mitangegeben.

Unterscheidet sich die männliche und weibliche Form eines Haupt- oder Eigenschaftswortes, sieht das im ukrainischen Satz und in der Wort-für-Wort-Übersetzung so aus:

Ja turyßt / turyßtka.
ich Tourist(m/w)
Ich bin Tourist / Touristin.

Hier muss ein Mann die männliche Form wählen, eine Frau jedoch die weibliche.

Da man im Ukrainischen nicht auf die zahlreichen Fälle verzichten kann, steht nach jedem gebeugten Wort in Klammern die „Nummer“ des jeweiligen Falles. Wenn keine Fall-Nummer hinter einem Wort genannt wird, dann steht es im 1. Fall, also in der Form, in der man es auch in den Wörterlisten findet.

Jak sdorowja?
wie Gesundheit(2)
Wie geht es Ihnen?

Mit Hilfe der Wort-für-Wort-Übersetzung können Sie bald eigene Sätze bilden. Sie können die Beispielsätze als Fundus von Satzschablonen und -mustern benutzen, die Sie selbst Ihren Bedürfnissen anpassen. Um Ihnen das zu erleichtern, ist ein erheblicher Teil der Beispielsätze nach allgemeinen Kriterien geordnet („Begrüßen & Verabschieden“, „Floskeln & Redewendungen“ usw.). Mit einem kleinen bisschen Kreativität und Mut können Sie sich neue Sätze „zusammenbauen“, auch wenn das Ergebnis nicht immer grammatikalisch perfekt ausfällt.

Darüber hinaus sind wichtige Wörter, die man in der Ukraine auch lesen können sollte, in ukrainisch-kyrillischer Schrift ergänzt.

Die **Wörterlisten** am Ende des Buches enthalten einen Grundwortschatz von je ca. 1000 Wörtern Deutsch-Ukrainisch und Ukrainisch-Deutsch, mit denen man schon eine ganze Menge anfangen kann.

Seitenzahlen
Um Ihnen den Umgang mit den Zahlen zu erleichtern, wird auf jeder Seite die Seitenzahl auch in Ukrainisch angegeben!

Über Land & Leute

Die Ukraine nimmt ein größeres Territorium als Frankreich ein und grenzt im Norden an Weißrussland (Belarus), im Nordosten an Russland, im Westen an Polen, die Slowakei und Ungarn und im Südosten an Rumänien und Moldawien. Das Klima reicht von kalten trockenen Wintern bis zu warmen, manchmal auch heißen Sommern. Die Ukraine ist durch die Karpaten und die Krim berühmt. Laubwälder, Waldsteppe und Steppe sind vorherrschende Landschaftsformen. Die Ukraine ist reich an Bodenschätzen und bekannt als reiches Schwarzerdegebiet (einst die „Kornkammer der Sowjetunion").

Gegenwärtig hat die Ukraine ca. 42 Millionen Einwohner, davon sind ca. 78 % ethnische Ukrainer. Daneben gibt es Russen, Rumänen, Moldauer, Weißrussen, Tataren, Bulgaren, Ungarn, Polen, Juden, Armenier, Griechen, Roma, Aserbaidschaner, Georgier und auch Deutsche.

Der Anteil der ethnischen Ukrainer geht aus der Volkszählung von 2001 hervor.

Die Ukrainer können auf eine lange, wechselvolle Geschichte zurückblicken. Die heutige Ukraine hat ihre Wurzeln im 9. Jh., als die ostslawischen Stämme sich vereinigten und im 10. Jh. einen Staat, die Kiewer Rus, mit Kiew als Hauptstadt gründeten. Der Zerfall des Kiewer Staates Ende des 12. Jh. durch innere Zwistigkeiten wurde noch durch den Einfall des tatarisch-mongolischen Heeres vorangetrieben. Die Ukraine wurde geteilt und jahrhundertelang von verschiedenen Fürstentümern beherrscht. Das wirkte sich natürlich auf die gesellschaftliche und ökonomische Entwicklung aus.

©Artur Synenko@Fotolia.com

Sehr bunte Häuserzeile in Kiew

Bei einem Besuch in der Ukraine wird man viel Russisch hören und lesen, insbesondere im Osten und Süden des Landes. Dies ist nach wie vor die sprachliche Realität im Land, obwohl die Regierung nach der Erklärung der staatlichen Unabhängigkeit am 24.08.1991 bestrebt war, das Ukrainische auf allen Gebieten zu fördern.

Im Westukrainischen kann man starke Einflüsse der polnischen Sprache feststellen. Es gibt auch zahlreiche Dialekte, was auf historische Gegebenheiten zurückzuführen ist. In der Zeit der Sowjetunion wurde vor allem die russische Sprache gelehrt und verbreitet – die Auswirkungen sind heute deutlich zu spüren. Trotz der wechselvollen Geschichte und der gegenwärtigen Schwierigkeiten haben sich die Ukrainer die Liebe zur farbenreichen Natur und zur heimatlichen Erde bewahrt. Viele traurige und auch fröhliche, scherzhafte Volkslieder und Tänze spiegeln die ukrainische Kultur und Geschichte wider. – Wenn man die Ukrainer beschreiben sollte, müsste man sagen, dass sie romantisch und humorvoll sind.

Aussprache & Umschrift

Die ukrainische Sprache wird, wie das Russische, Weißrussische, Bulgarische und Serbische, mit den kyrillischen Buchstaben geschrieben, die von den Slawenaposteln Kyrill und Method im 9. Jahrhundert n. Chr. geschaffen worden sind. Das ukrainische kyrillische Alphabet hat 33 Buchstaben.

А а	**a**	wie „a“ in „V**a**ter“: **lawa** *(Bank)*
Б б	**b**	wie „b“ in „**B**all“: **baba** *(Alte)*
В в	**w**	wie engl. rundes „w“ in „**w**ater“: **woda** *(Wasser)*
Г г	**h**	stets hörbares „h“ wie in „**H**ose“: **hority** *(brennen)*
Ґ ґ	**g**	wie „g“ in „**g**ut“: **gudsyk** *(Knopf)*
Д д	**d**	wie „d“ in „**D**om“: **derewo** *(Baum)*
Е е	**e**	offenes „e“ wie in „B**e**tt“: **apteka** *(Apotheke)*
Є є	**je ('e)**	wie „je“ in „**je**mand“: **Jewropa** *(Europa)*
Ж ж	**sh**	stimmhaftes „sch“ wie „g“ in „Gara**g**e“ oder „j“ in „**J**ournal“: **shyty** *(leben)*
З з	**s**	stimmhaftes „s“ wie in „Ro**s**e“: **sakon** *(Gesetz)*

Achtung: Vor einem i *werden zahlreiche Mitlaute automatisch „erweicht" gesprochen, also genauso wie vor dem „Weichheitszeichen" ' (s. dort). Da dies aber automatisch geschieht und auch in der kyrillischen Schrift nicht angezeigt wird, verzichten wir in der Umschrift in diesem Fall auf eine lautgetreue Wiedergabe.*

И и	**y**	etwas undeutlich artikulierter Selbstlaut, halbwegs zwischen dem unbetonten „e" in „G**e**sang" und einem genuschelten „i" in „b**i**tte": **mylo** *(Seife)*
І і	**i**	wie „i" in „M**i**ne": **wik** *(Alter)*
Ї ї	**ji**	wie „ji" in „**ji**ddisch": **jißty** *(essen)*
Й й	**j**	vor a, o, e und u wie „j" in „Ma**j**a"; nach a, o, e, u und y kürzer, etwa wie „i" in „Ma**i**": **ja** *(ich)*; **molodyj** *(jung)*
К к	**k**	wie „k" in „**K**arte": **karta** *(Karte)*
Л л	**l**	dickes „l" wie in dialektal „kö**l**sch": **lampa** *(Lampe)*
М м	**m**	wie „m" in „**M**utter": **maty** *(Mutter)*
Н н	**n**	wie „n" in „**N**ase": **nimez'** *(Deutscher)*
О о	**o**	offenes „o" wie in „S**o**mmer": **wikno** *(Fenster)*
П п	**p**	wie „p" in „**P**ost": **pomylka** *(Fehler)*
Р р	**r**	rollendes Zungenspitzen-R wie im Italienischen: **ritschka** *(Fluss)*
С с	**ß**	stimmloses „s" wie in „rei**ß**en": **kyßlyj** *(sauer)*
Т т	**t**	„t" wie in „**T**ante": **totschnyj** *(genau)*

У у	**u**	„u“ wie in „M**u**t“: **turyßt** *(Tourist)*
Ф ф	**f**	„f“ wie in „**F**eder“: **fabryka** *(Fabrik)*
Х х	**ch**	vor a, o, e, u ein ach-Laut wie in „Ba**ch**“; vor i ein ich-Laut wie in „**Ch**ina“: **chodyty** *(gehen);* **wychid** *(Ausgang)*
Ц ц	**z**	wie „z“ in „**Z**ebra“: **obizjaty** *(versprechen)*
Ч ч	**tsch**	stimmloses „tsch“ wie in „deu**tsch**“: **tschy** *(ob)*
Ш ш	**sch**	stimmloses „sch“ wie in „**Sch**ule“: **schtuk** *(Stück)*
Щ щ	**schtsch**	stimmloses „schtsch“: **schtscho** *(was)*
Ь ь	**’**	Das „Weichheitszeichen“ bewirkt, dass der vorangehende Mitlaut „weicher“ ausgesprochen wird. In der Praxis hört sich das so an, als spräche man hinter dem betreffenden Mitlaut ein kurzes „j“(oder z. T. auch ein weiches „ch“), so wie z. B. in „Mat**j**es“: **bat’ky** *(Eltern)*
Ю ю	**ju (’u)**	wie „ju“ in „**Ju**ni“: **l’udy** *(Leute)*
Я я	**ja (’a)**	wie „ja“ in „**Ja**smin“: **jak** *(wie)*

Das „Weichheitszeichen“ steht aber in der kyrillischen Schrift nur am Ende eines Wortes bzw. einer Silbe. Die „weiche“ Aussprache eines Mitlautes am Silbenanfang (Wortanfang, Wortmitte vor Selbstlaut) wird stattdessen durch eine „weiche“ Variante des nachfolgenden Selbstlauts wiedergegeben, also я ja *oder* ю ju. *Wir schreiben an diesen Stellen in unserer Lautschrift aber* ’a *bzw.* ’u, *da es sich ja nicht um einen echten* j-*Laut handelt, sondern um dieselbe Aussprache wie beim „Weichheitszeichen“* ’.

Anders als im Deutschen und Russischen bleiben stimmhafte Mitlaute auch am Wortende stimmhaft. Das d *am Ende von* wychid *„Ausgang" bleibt also „d", während man im Deutschen etwa „Rad" als* raat *ausspricht.*

Die ukrainische kyrillische Schrift kennt außerdem noch als Sonderzeichen einen Apostroph ', der nicht mit dem Apostroph in der Umschrift verwechselt werden sollte. Er hat aber dennoch indirekt mit der „Erweichung" zu tun, denn er zeigt an, dass der Mitlaut vor ja oder ju gerade nicht „erweicht" gesprochen wird, sondern normal, gefolgt von einem echten ja bzw. ju wie am Wortanfang. Ein Beispiel ist die Zahl „fünf": п'ять pjat' (d. h. nicht p'at'!).

Das Ukrainische kennt keine Diphthonge (Doppelselbstlaute), wie z. B. „au", „eu".

Das Ukrainische kennt auch keinen am Gaumen gebildeten nasalen Mitlaut entsprechend dem deutschen „ng" in „Di**ng**" oder dem „nk" in „Ba**nk**". Im Ukrainischen werden diese Laute deutlich hörbar getrennt voneinander ausgesprochen, also als echtes „n" gefolgt von einem echten „g" / „k", z. B.: blank (*Formular*, ausgesprochen blan-k), kemping (*Camping*, ausgesprochen kempin-g).

Diejenigen Wörter, die man bei einem Aufenthalt in der Ukraine am Schriftbild erkennen muss, werden neben der Umschrift auch in kyrillischer Schrift angegeben.

Betonung

Das Ukrainische hat eine sogenannte „freie Betonung", das heißt, sie ist nicht vorhersagbar und kann bei der Beugung wechseln. Da das besonders schwierig ist, wird der betonte Selbstlaut immer unterstrichen.

RUSSLAND
WEISSRUSSLAND
POLEN
MOLDAU
RUMÄNIEN
UKRAINE
Woronesh
Kursk
Belgorod
Rostow
Taganrog
Krasnodar
Kuban
Noworossijsk
Kertsch
Azows'ke More
(Asowsches Meer)
Mariupol'
Donets'k
(Donezk)
Altschews'k
Luhans'k
S'ew'erodonets'k
Slowjans'k
Charkiw
(Charkow)
Poltawa
Sumy
Dnipro
Zaporishsh'a
Melitopol'
Kachowkaer
Stausee
Simferopol'
Sewastopol'
Kertsch
Cherson
Mykolajiw
Krywyj Rih
Krementschuk
Tscherkasy
Kremen-
tschuker
Stausee
Kyjiw (Kiew)
Dnipro
Desna
Tschernihiw
Homel'
Brest
Shytomyr
Winnyts'a
(Winniza)
Piwdennyj Buh (Südl. Bug)
Odesa
(Odessa)
Tschorne
More
(Schwarzes Meer)
Chişinău
(Kischin'ow)
Nistru
Iaşi
Buzău
Bucureşti
(Bukarest)
Cluj-Napoca
(Klausenburg)
Chmel'nyts'kyj
Dnister
Riwne
Luts'k
L'wiw
(Lemberg)
Iwano-
Frankiws'k
Warszawa
(Warschau)
Lublin
200 km

Wörter, die weiterhelfen

Mit den folgenden Ausdrücken kann man schon das Wichtigste auf Ukrainisch sagen:

Probatschte, bud' laßka!
entschuldigt(!) bitte
Entschuldigen Sie bitte!

Tschy je ... ?	**Gibt es ... ?**
Tschy majete ... ?	**Haben Sie ... ?**

In diese beiden Sätze kann man alle Wörter aus der Wörterliste unverändert einsetzen, wenn dies einen Sinn macht:

Tschy je awtobuß?
ob ist Autobus
Gibt es einen Bus?

Tschy je schtschonebud' pojißty?
ob ist etwas essen
Gibt es etwas zum Essen?

Tschy majete wil'nyj nomer?
ob (ihr-)habt freies Zimmer
Haben Sie ein freies Zimmer?

pywo	Bier	**tschaj**	Tee
kawa	Kaffee	**nomer**	Zimmer
basar	Markt	**likar**	Arzt

Tak, je.	Ja, gibt es.	*So können die Antworten lauten.*
Ni, nema / Ni, nemaje.	Nein, gibt es nicht.	

De je ... ?	**Wo gibt es / ist ... ?**
De je hotel'?	Wo gibt es ein Hotel?
De je takßi?	Wo gibt es ein Taxi?
De je poschta?	Wo ist die Post?

Auch in diesen Satz kann man alle sinnvollen Wörter aus den Wörterlisten einsetzen, z. B.:

apteka	Apotheke
woksal	Bahnhof
bank	Bank
konßul'ßtwo	Konsulat
poliklinika	Poliklinik
polizija	Polizei
reßtoran	Restaurant
telefon	Telefon
tualet	Toilette
majßtern'a	Werkstatt

Damit Sie nicht ausschließlich auf Gesten angewiesen sind, hier noch ein paar Orientierungshilfen:

tut	hier	**ß'udy**	hierher
tam	dort	**tudy**	dorthin
praworutsch	rechts	**naprawo**	nach rechts
liworutsch	links	**naliwo**	nach links
pr'amo	geradeaus	**nasad**	zurück

Wörter, die weiterhelfen

Meni treba ...	**Ich möchte / brauche ... (+ 4. Fall)**

Bei dieser Formulierung muss man das Hauptwort, das man einsetzen möchte, im 4. Fall beugen. Fortgeschrittene können im Kapitel „Beugung der Hauptwörter“ nachsehen. Wem das für den Anfang zu umständlich ist und das Hauptwort nicht beugt, wird mit Sicherheit auch verstanden.

Meni treba kwytok.
Ich brauche eine Fahrkarte.

Meni treba poschtowu marku.
Ich möchte eine Briefmarke.

ßkil'ky koschtuje ... ?	**Wie viel kostet ... ?**

ßkil'ky koschtuje nomer?
Wie viel kostet ein Zimmer?

ßkil'ky koschtuje pywo?
Wie viel kostet ein Bier?

ßkil'ky ze koschtuje?
Wie viel kostet das?

Und zu guter Letzt noch zwei höfliche Worte:

ßpaßybi! / D'akuju! Danke schön!
Bud' laßka! Bitte schön!

Hauptwörter

Im Ukrainischen gibt es weder einen bestimmten noch einen unbestimmten Artikel, so dass woksal *(Bahnhof)* sowohl „der Bahnhof" als auch „ein Bahnhof" bedeuten kann. Der Sinn ergibt sich aus dem Zusammenhang.

Holzwindmühlen

Geschlecht

Wie im Deutschen gibt es männliche, weibliche und sächliche Hauptwörter (abgekürzt: *m, w, s*). Darüber hinaus gibt es eine übergeordnete Einteilung in eine sogenannte „harte" und „weiche" Gruppe.

Hauptwörter der „harten" Gruppe enden im 1. Fall auf einen Mitlaut, auf -o oder -a, die der „weichen" Gruppe auf -j, -ja, -e oder -' (Weichheitszeichen).

So gibt es jeweils männliche, weibliche und sächliche Hauptwörter der „harten" und der „weichen" Gruppe. Die Einteilung in diese Gruppen spielt für die Zuordnung in die verschiedenen Beugungsklassen eine Rolle.

Das grammatische Geschlecht der Hauptwörter wird in den Wörterlisten und Tabellen mit den Abkürzungen „w" für weiblich und „s" für sächlich gekennzeichnet. Nicht gekennzeichnete Hauptwörter sind männlich.

Hauptwörter

männlich	**hart:**	*auf* Mitlaut	**teatr** *(Theater)*
		auf -o	**bat'ko** *(Vater)*
	weich:	*auf* -j	**kraj** *(Gebiet)*
weiblich	**hart:**	*auf* -a	**kimnata** *(Zimmer)*
		selten auf Mitlaut	**nitsch** *(Nacht)*
	weich:	*auf* -ja	**ßimja** *(Familie)*
		auf -'	**ßil'** *(Salz)*
sächlich	**hart:**	*auf* -o	**mißto** *(Stadt)*
		selten auf -a	**kurtscha** *(Küken)*
	weich:	*auf* -ja	**shyt'a** *(Leben)*
		auf -e *(nach* z, schtsch*)*	**mißze** *(Platz)*
			priswyschtsche *(Nachname)*

Das grammatische Geschlecht der ukrainischen Hauptwörter entspricht längst nicht immer dem des entsprechenden deutschen Wortes.

reßtoran *(m)*	das Restaurant *(s)*
l'udyna *(w)*	der Mensch *(m)*

Bei Personenbezeichnungen richtet sich das grammatische Geschlecht nach dem natürlichen Geschlecht:

tato *(m)*	Vati, Papa
bat'ko *(m)*	Vater

Städte- und Ländernamen können in allen drei grammatischen Geschlechtern auftreten:

Krym *(m)*	Krim
Moßkwa *(w)*	Moskau
Marokko *(s)*	Marokko
Kyjiw *(m)*	Kiew
Ukrajina *(w)*	Ukraine
Karpaty *(Mz)*	Karpaten

Mehrzahl

Die Mehrzahl wird für männliche und weibliche Hauptwörter gleich gebildet. Dabei wird die Einzahlendung jeweils durch -y (harte Gruppe) oder durch -i (weiche Gruppe) ersetzt. Hauptwörter, die auf -j oder -ja enden, bilden die Mehrzahl auf -ji. An Hauptwörter, die auf einen anderen Mitlaut enden, wird die Mehrzahlendung angehängt.

Mehrzahl wird mit „Mz" abgekürzt.

teatr *(m)*	Theater *(Ez)*
teatry	Theater *(Mz)*
kimnata *(w)*	Zimmer *(Ez)*
kimnaty	Zimmer *(Mz)*
ßimja *(w)*	Familie
ßimji	Familien
ruka *(w)*	Hand
ruky *(Mz)*	Hände

Bei sächlichen Hauptwörtern wird die Endung bei der harten Gruppe durch -a und bei der weichen Gruppe durch -'a (-ja) ersetzt:

mißto *(s)*	Stadt	**mißta**	Städte
mißze *(s)*	Platz	**mißz'a**	Plätze

In der ukrainischen Sprache gibt es eine ganze Reihe unregelmäßiger Mehrzahlbildungen, bei denen sich auch ein Selbstlaut verändert:

Mehrzahlformen sind in den Wörterlisten grundsätzlich angegeben.

dim *(m)*	Haus	**domy** *(Mz)*	Häuser
nitsch *(w)*	Nacht	**notschi** *(Mz)*	Nächte

Dieses & Jenes

Die hinweisenden Fürwörter zej *(dieser)*, toj *(jener)* und takyj *(so / solch einer)* richten sich in Zahl und Geschlecht nach dem Hauptwort, das sie näher beschreiben. Wie im Deutschen stehen sie immer vor dem jeweiligen Hauptwort.

	diese(r, -s)	jene(r, -s)	so eine(r, -s)
männlich	**zej (ozej)**	**toj (otoj)**	**takyj**
weiblich	**z'a (oz'a)**	**ta (ota)**	**taka**
sächlich	**ze (oze)**	**te (ote)**	**take**
Mehrzahl	**zi (ozi)**	**ti (oti)**	**taki**

Dershprom-Komplex, Charkiw

Nach Wörtern, die auf einen Mitlaut enden, kommen für die Formen von zej *(dieser)* und toj *(jener)* auch die in Klammern angegebenen Formen vor.

zej tramwaj *(m)*	diese Straßenbahn
zi dity *(Mz)*	diese Kinder

Eigenschaftswörter

Eigenschaftswörter stehen wie im Deutschen immer vor den Hauptwörtern, die sie näher beschreiben. Das Geschlecht des Eigenschaftswortes richtet sich nach dem grammatischen Geschlecht des dazugehörigen Hauptwortes.

Die Endungen im 1. Fall lauten je nach „harter“ oder „weicher“ Gruppe unterschiedlich: Männliche Eigenschaftswörter können auf -yj oder -ij, weibliche auf -a und -'a / -ja, sächliche auf -e und -'e / -je, und in der Mehrzahl auf -i auslauten.

	hart:		weich:
männlich:	**-yj**	*oder*	**-ij**
weiblich:	**-a**	*oder*	**-'a / -ja**
sächlich:	**-e**	*oder*	**-'e / -je**
Mehrzahl:		**-i**	

harnyj tscholowik	ein schöner Mann
harna diwtschyna	ein schönes Mädchen
harne mißto	eine schöne Stadt
harni kanikuly	schöne Ferien

In den Wörterlisten ist immer nur die männliche Form eines Eigenschaftswortes angegeben. Um daraus z. B. die weibliche Form zu bilden, muss man die männliche Endung (-yj oder -ij) durch die weibliche ersetzen.

Sätze ohne Verben (Nominalsätze)

Sätze in der Gegenwart, in denen man im Deutschen das Hilfsverb „sein“ benötigt, z. B. „Die Stadt ist schön“, kann man im Ukrainischen ganz einfach bilden, indem man dem Hauptwort ein Eigenschaftswort nachstellt. Dabei muss man beachten, dass das Eigenschaftswort in Geschlecht (*m, w* oder *s*) und Zahl mit dem Hauptwort, auf das es sich bezieht und das im Satz als Satzgegenstand (Subjekt) dient, übereinstimmt:

Tscholowik harnyj.
Mann schön
Der Mann ist schön.

Diwtschyna harna.
Mädchen schön
Das Mädchen ist schön.

Mißto harne.
Stadt schön
Die Stadt ist schön.

Für Sätze in der Vergangenheit und in der Zukunft benötigt man jedoch das Hilfsverb „sein“.

Skiresort Bukowel

©Fedoruk@Fotolia.com

Umstandswörter

Viele Umstandswörter werden von Eigenschaftswörtern abgeleitet, indem die männliche Endung durch ein -o oder seltener durch ein -e ersetzt wird. Wann man welche Endung verwendet, ist leider nicht regelmäßig:

harnyj budynok	**Ze harno!**	**Ze dobre!**
schönes Haus	*das schön*	*das gut*
schönes Haus	Das ist schön!	Das ist gut!

Den Satz Ze dobre! oder auch nur Dobre! *(Gut!)* sagt man oft als Einverständnis auf ein Angebot, einen Vorschlag oder auch zum Abschluss eines Gespräches.

Hier eine Liste wichtiger Umstandswörter:

prawyl'no	richtig	**neprawyl'no**	falsch
wyßoko	hoch	**zikawo**	interessant
malo	wenig	**bahato**	viel
pisno	spät	**rano**	früh
daleko	weit	**nedaleko**	nah
cholodno	kalt	**teplo**	warm
sharko	heiß	**powil'no**	langsam
schwydko	schnell	**blys'ko**	nah
weßelo	fröhlich	**ßumno**	traurig
brudno	schmutzig	**srutschno**	bequem
nesrutschno	unbequem	**dobre**	gut

Einige Umstandswörter werden gebildet, indem man an den Stamm des betreffenden Eigenschaftswortes (d. h. das Eigenschaftswort ohne die Fallendung) die Vorsilbe po- und die Endung -omu oder -ß'ky anhängt. Diese beschreiben dann eine Handlung in Bezug auf ihre Art und Weise, z. B. bei Sprachen:

Ja howor'u po-nimez'ky.
ich spreche auf-deutsch
Ich spreche Deutsch.

Win howoryt' po-ukrajinß'ky.
er spricht auf-ukrainisch
Er spricht Ukrainisch.

Steigern & Vergleichen

Die erste Steigerungsstufe (Komparativ) wird gebildet, indem bil'sch *(mehr)* oder mensch *(weniger)* vor das zu steigernde Eigenschaftswort gestellt wird.

Für die Bildung der zweiten Steigerungsstufe (Superlativ) wird dementsprechend najbil'sch *(am meisten)* oder najmensch *(am wenigsten)* dem Eigenschaftswort vorangestellt.

Steigern

bil'sch	mehr
najbil'sch	am meisten
mensch	weniger
najmensch	am wenigsten

Welches dieser beiden Wörter verwendet wird, hängt vom Sinn oder Inhalt des Eigenschaftswortes ab:

ßolodkyj	**bil'sch ßolodkyj**	**najbil'sch ßolodkyj**
süß	*mehr süß*	*am-meisten süß*
süß	süßer	am süßesten
ßolodkyj	**mensch ßolodkyj**	**najmensch ßolodkyj**
süß	*weniger süß*	*am-wenigsten süß*
süß	weniger süß	am wenigsten süß

Das Eigenschaftswort kann dabei in der männlichen, weiblichen, sächlichen oder Mehrzahlform stehen, je nachdem, auf welche Klasse von Hauptwort es sich bezieht. Das Steigerungswort selbst bleibt dabei immer unverändert.

bil'sch harnyj tscholowik	**bil'sch harna diwtschyna**
mehr schöner Mann	*mehr schönes Mädchen*
schönerer Mann	schöneres Mädchen
bil'sch harne mißto	**bil'sch harni kanikuly**
mehr schöne Stadt	*mehr schöne Ferien*
schönere Stadt	schönere Ferien

Auch im Ukrainischen gibt es unregelmäßige Steigerungsformen, dabei haben einige Eigenschaftswörter selbständige Formen gebildet. In der folgenden Übersicht stehen nur die männlichen Formen; die weiblichen, sächlichen und Mehrzahlformen erhält man, wenn man die männliche Endung -yj jeweils durch die gewünschte ersetzt:

dobryj	**kraschtschyj**	**najkraschtschyj**
guter	besserer	bester
welykyj	**bil'schyj**	**najbil'schyj**
großer	größerer	größter
malyj	**menschyj**	**najmenschyj**
kleiner	kleinerer	kleinster
ßtaryj	**ßtarschyj**	**najßtarschyj**
alter	älterer	ältester
molodyj	**molodschyj**	**najmolodschyj**
junger	jüngerer	jüngster

Vergleichen

Um auszudrücken, dass etwas „(genau)so … wie" ist (also Gleichheit hinsichtlich einer Eigenschaft), braucht man das Wort jak *(wie)*. Dabei steht jak nach dem Eigenschaftswort, in Bezug auf welches man zwei Hauptwörter vergleichen möchte. Das Eigenschaftswort steht nach dem ersten Hauptwort und richtet sich nach diesem in Zahl und Geschlecht:

Kyjiw welykyj jak Frankfurt.
Kiew groß wie Frankfurt.
Kiew ist so groß wie Frankfurt.

Marta harna jak Ißabel'.
Martha schön wie Isabelle
Martha ist so schön wie Isabelle.

Ungleichheit wird mit nish *(als)* wiedergegeben. Dabei verwendet man das gesteigerte Eigenschaftswort, das sich auch wieder in Zahl und Geschlecht nach dem ersten Hauptwort (also dem Satzgegenstand) richtet:

Kyjiw bil'schyj nish Lejpzig.
Kiew größer als Leipzig.
Kiew ist größer als Leipzig.

Marta bil'sch harna nish Gerda.
Martha mehr schön als Gerda
Martha ist schöner als Gerda.

Es gibt auch kompliziertere, durch Endungen am Eigenschaftswort ausgedrückte Steigerungsformen. In diesem Fall heißt es alternativ: Marta harnischa nish Gerda. *Grammatikalisch ist das die „bessere" Form, man macht es sich aber mit der genannten einfacheren Ausdrucksweise viel leichter und wird ebenfalls gut verstanden.*

Persönliche Fürwörter

Im Ukrainischen wird für die höfliche Anrede die 2. Person Mehrzahl wy *(ihr)* verwendet.

ja	ich
ty	du
win	er
wona	sie
wono	es
my	wir
wy (Wy)	ihr (Sie)
wony	sie *(m/w/s)*

Besitzanzeigende Fürwörter

Das besitzanzeigende Fürwort richtet sich in Zahl und Geschlecht nach dem dazugehörigen Hauptwort. Die Höflichkeitsform ist mit der 2. Person Mehrzahl *(ihr)* identisch.

	mein(e)	dein(e)	sein(e) *(m/s)*	ihr(e) *(w)*
männlich	mij	twij	joho	jiji
weiblich	moja	twoja	joho	jiji
sächlich	moje	twoje	joho	jiji
Mehrzahl	moji	twoji	joho	jiji
	unser(e)	euer / eure	ihr(e) *(m/w/s)*	
männlich	nasch	wasch	jichni	
weiblich	nascha	wascha	jichni	
sächlich	nasche	wasche	jichni	
Mehrzahl	naschi	waschi	jichni	

mij druh	mein Freund
moja podruha	meine Freundin
twoji drusi	deine Freunde
naschi drusi	unsere Freunde
jichni drusi	ihre Freunde
nascha ßtrawa	unser Essen

Bud' laßka, ze Wasch kwytok!
bitte das Euer Ticket
Bitte, das ist Ihre Eintrittskarte!

Tätigkeitswörter

Das Kapitel Tätigkeitswörter ist im Ukrainischen, wie in den slawischen Sprachen insgesamt, besonders schwierig. Im Gegensatz zum Deutschen gibt es zwar nur drei Zeitformen, nämlich Gegenwart, Vergangenheit und Zukunft. Dafür unterscheiden die Verben aber zwischen dem „unvollendeten“ und dem „vollendeten“ Aspekt, und es gibt besondere Verben der Bewegung. Wie in jeder Sprache gibt es auch einige Unregelmäßigkeiten, z. B. den so genannten Mitlautwechsel.

Es hat sich außerdem noch eine weitere Vergangenheitsform erhalten, die vor allem im Märchen vorkommt, aber auch von älteren Leuten auf dem Land verwendet wird. Diese wird hier aber nicht beschrieben.

Grundform (Infinitiv)

Die Grundform (Infinitiv) der Verben besteht aus einem Stamm und der Endung -ty. In dieser Form sind die Verben auch in Wörterbüchern und den Wörterlisten dieses Buches angegeben.

tschytaty	lesen	**pyßaty**	schreiben
howoryty	sprechen	**shyty**	leben

Beugungsklassen

Vorab noch etwas zu den zwei Beugungsklassen, in die die ukrainischen Verben eingeteilt werden. Die Beugungsklassen werden in der Gegenwart für alle Verben, aber in der Zukunft nur für Verben des vollendeten Aspekts

Da die Einteilung aber leider nicht immer so eindeutig ist, wird in den Wörterlisten die Beugungsklasse mitangegeben.

unterschieden. Man erkennt die Klasse oft, wenn man die Grundformendung -ty streicht. Verben der ersten Klasse sind häufiger.

Gegenwart

Bei der Beugung in der Gegenwart haben die Personen win *(er)*, wona *(sie, Ez)* und wono *(es)* die gleiche Verbform; zur Vereinfachung steht deshalb nur das männliche persönliche Fürwort. Die Höflichkeitsform ist mit der 2. Person Mehrzahl *(ihr)* identisch.

Streicht man die Endung -ty von der Grundform des Verbs ab, erhält man den Stamm. An diesen Stamm werden die im Folgenden beschriebenen Endungen der Gegenwartszeit angehängt.

Beugungsmuster der 1. Verbklasse

Die erste Variante (-u, -esch, ...) wird verwendet, wenn der Stamm auf einen (nicht „erweichten") Mitlaut endet, und die zweite (-ju, -jesch, ...), wenn er auf einen Selbstlaut endet.

Und die Zusatzvariante in Klammern steht bei einem Stammauslaut auf „erweichten" Mitlaut.

Einzahl	
-u *bzw.* **-ju (-'u)**	ich
-esch *bzw.* **-jesch (-'esch)**	du
-e *bzw.* **-je (-'e)**	er, sie, es
Mehrzahl	
-emo *bzw.* **-jemo (-'emo)**	wir
-ete *bzw.* **-jete (-'ete)**	ihr
-ut' *bzw.* **-jut' (-'ut)**	sie

Das Beugungsmuster wird hier am Beispiel des Verbs tschuty *(hören)* angewandt:

tschuty	**hören**
ja tschuju	ich höre
ty tschujesch	du hörst
win tschuje	er hört
my tschujemo	wir hören
wy tschujete	ihr hört
wony tschujut'	sie hören

Beugungsmuster der 2. Verbklasse

In den Wörterlisten wird die 2. Beugungsklasse durch die Abkürzung „II." kenntlich gemacht.

Auch hier wird die erste Variante verwendet, wenn der Stamm auf einen Mitlaut endet, und die zweite, wenn er auf einen Selbstlaut endet.

Einzahl	
-u *bzw.* **-ju (-'u)**	ich
-ysch *bzw.* **-isch**	du
-yt' *bzw.* **-it'**	er, sie, es
Mehrzahl	
-ymo *bzw.* **-imo**	wir
-yte *bzw.* **-ite**	ihr
-at' *bzw.* **-jat' (-'at')**	sie

Auch hier werden die Beugungsendungen an den Stamm angehängt. Bei vielen mehrsilbigen Verben enthält der Stamm jedoch noch ein weiteres Endungselement, das ebenfalls gestrichen werden muss, um die Beugungsendungen für die Personen anzufügen.

Dies ist z. B. beim Verb batschyty *(sehen)* der Fall:

batschyty	sehen
ja batschu	ich sehe
ty batschysch	du siehst
win batschyt’	er sieht
my batschymo	wir sehen
wy batschyte	ihr seht
wony batschat’	sie sehen

Hier einige Beispiele für Verben, bei denen ein weiteres Endungselement vom Stamm abzustreichen ist (hier durch Bindestrich kenntlich gemacht). In den Wörterlisten sind diese Unregelmäßigkeiten angegeben.

1. Verbklasse:	
pyß-a-ty	schreiben
mal’u-wa-ty	malen
chot-i-ty	wollen
praz’u-wa-ty	arbeiten

2. Verbklasse:	
noß-y-ty	tragen
krytsch-a-ty	schreien
let-i-ty	fliegen

Vergangenheit

Die Beugung in der Vergangenheit sieht ganz anders aus als für die Gegenwart. Hier wird nämlich nur unterschieden, ob die handelnde

Person („ich, du, er / sie") männlich oder weiblich ist bzw. ob die handelnden Personen in der Mehrzahl stehen (also „wir, ihr, sie").

Insgesamt gibt es – ohne Ausnahmen – für die Vergangenheit nur vier unterschiedliche Endungen, gleichermaßen für den „unvollendeten" und den „vollendeten" Aspekt. Sie werden an den Stamm des Verbs angehängt:

In der Mehrzahl gibt es also eine Einheitsendung für alle drei Geschlechter, ganz genau wie bei den Eigenschaftswörtern.

	Einzahl	Mehrzahl
männlich	-w	-ly
weiblich	-la	-ly
sächlich	-lo	-ly

ja pyßaw	ich schrieb *(m)*
ja pyßala	ich schrieb *(w)*
ty pyßaw	du schriebst *(m)*
ty pyßala	du schriebst *(w)*
wona pyßala	sie schrieb *(w)*
wony pyßaly	sie schrieben *(Mz)*

Ity *(gehen)* hat in der Vergangenheit einen anderen Stamm, die Endungen sind aber regelmäßig, z. B.: ja ischow „ich *(m)* ging", ja ischla „ich *(w)* ging", my ischly „wir gingen".

Zukunft

Die Zukunft von Verben des unvollendeten Aspekts bildet man mit der Zukunftsform des Hilfsverbs buty *(sein)*. Dabei wird buty gebeugt und die Grundform des Verbs nachgestellt. Die Konstruktion ähnelt ein wenig der des

Deutschen, z. B. „ich werde gehen“. Man drückt mit dieser Bildungsweise eine sich mehrmals oder regelmäßig wiederholende Handlung in der Zukunft aus.

Die Zukunft von Verben des vollendeten Aspekts ist eine komplizierte Angelegenheit. Man verwendet dafür die scheinbaren Gegenwartsformen der Verben im vollendeten Aspekt. Sie sollten sich aber damit nicht belasten, da man mit der oben erklärten unvollendeten Ausdrucksweise sehr gut zurechtkommt und immer verstanden wird.

buty	**sein**
ja budu	ich werde (sein)
ty budesch	du wirst (sein)
win bude	er wird (sein)
my budemo	wir werden (sein)
wy budete	ihr werdet (sein)
wony budut’	sie werden (sein)

Ja budu sawtra widjishdshaty.
ich werde morgen abfahren
Ich werde morgen abreisen.

Ja budu tschytaty.
ich werde lesen
Ich werde lesen.

Mitlautwechsel

Der Mitlautwechsel ist in der Wörterliste angegeben.

Der Mitlautwechsel betrifft beide Beugungsklassen, kommt aber nur in der Gegenwart vor. Dabei wir der letzte Mitlaut des Stammes nach festen Regeln durch einen anderen Mitlaut ersetzt. Dies kommt entweder nur in der 1. Person Einzahl *(ich)* oder in allen gebeugten Formen vor.

In der 1. Beugungsklasse bleibt der neue Mitlaut in allen gebeugten Formen erhalten. In der Tabelle ist neben der Grundform jeweils die 1. und 2. Person Einzahl *(ich, du)* angegeben:

h *wird zu* sh:	**mohty** *(können)*	**moshu, moshesch ...**
s *wird zu* sh:	**ßkasaty** *(sagen)*	**ßkashu, ßkashesch ...**
k *wird zu* tsch:	**pekty** *(backen)*	**petschu, petschesch ...**
ß *wird zu* sch:	**pyßaty** *(schreiben)*	**pyschu, pyschesch ...**
t *wird zu* tsch:	**chotity** *(wollen)*	**chotschu, chotschesch ...**
ch *wird zu* sch:	**kolychaty** *(schaukeln)*	**kolyschu, kolyschesch ...**

In der 2. Beugungsklasse kommt der Mitlautwechsel nur in der 1. Person Einzahl *(ich)* vor, während alle anderen gebeugten Formen den Mitlaut der Grundform beibehalten:

d *wird zu* dsh:	**chodyty** *(gehen)*	**chodshu, chodysch ...**
s *wird zu* sh:	**wosyty** *(mitführen)*	**woshu, wosysch ...**
sd *wird zu* sh / d:	**jisdyty** *(fahren)*	**jishu, jisdysch ...**
t *wird zu* tsch:	**platyty** *(bezahlen)*	**platschu, platysch ...**
ß *wird zu* sch:	**noßyty** *(tragen)*	**noschu, noßysch ...**
ßt *wird zu* schtsch:	**tschyßtyty** *(reinigen)*	**tschyschtschu, tschyßtysch ...**

Darüber hinaus gibt es weitere unregelmäßige Verben, deren Unregelmaßigkeit aber nichts oder nicht hauptsächlich mit dem Mitlautwechsel zu tun hat.

Aspekte

Die Aspekte sind im Ukrainischen und anderen slawischen Sprachen eine grammatische Erscheinung, die es im Deutschen nicht gibt. Daher ist der richtige Gebrauch sehr gewöhnungsbedürftig, und auch die Bildeweise der Formen ist hochgradig unregelmäßig.

Dementsprechend gibt es für beide Aspekte auch jeweils eine eigene Grundform.

Viele Verbbedeutungen werden paarweise durch zwei unterschiedliche Verben ausgedrückt, von denen das eine den vollendeten, das andere den unvollendeten Aspekt darstellt. Die Übersetzung der beiden Varianten bleibt aber in aller Regel gleich.

unvollendeter Aspekt

Verben des unvollendeten Aspekts können alle drei Zeitformen bilden, also Gegenwart, Vergangenheit, Zukunft. Sie stehen häufig in Verbindung mit bestimmten Umstandswörtern der Zeit, die regelmäßige, länger andauernde oder aktuell stattfindende Ereignisse ausdrücken.

Der unvollendete Aspekt bezeichnet die Dauer einer Handlung,

- die gerade abläuft, ohne dass sie zum Zeitpunkt der Sprechäußerung beendet wird;
- die sich wiederholt, was regelmäßig oder auch unregelmäßig der Fall sein kann.

tschaßto	oft
dowho	lange
schtschodn'a	täglich
ß'ohodni	heute
sawshdy	immer
nedowho	nicht lange
swytschajno	gewöhnlich
ridko	selten

Ja sawshdy ßnidaju rano.
ich immer (ich-)frühstücke früh
Ich frühstücke immer früh.

Ja ß'ohodni nedowho ßpaw / ßpala.
ich heute nicht-lange schlief(m/w)
Ich habe heute nicht lange geschlafen.

vollendeter Aspekt

Der vollendete Aspekt bezieht sich die zeitliche Begrenzung oder das Resultat einer Handlung, wenn diese:

- einmalig ist (oder war);
- im aktuellen Moment des Sprechens abgeschlossen ist;
- konkret in Bezug auf Ort und Zeit und der Abschluss der Handlung absehbar ist;
- ein unbedingtes Vorhaben, etwas zu tun, beinhaltet.

Ja pryjichaw / pryjichala pisno.
ich anreiste(m/w) spät
Ich bin spät gekommen.

Ty pryjschow / pryjschla pisno.
du anreistest(m/w) spät
Du bist spät gekommen.

Ja napyschu tobi lyßt.
ich werde-schreiben dir(3) Brief(4)
Ich werde dir einen Brief schreiben.

Die meisten Verben haben eine einfache Grundform im unvollendeten Aspekt und eine durch eine vokabelmäßig zu lernende Vorsilbe abgeleitete Grundform im vollendeten. Es gibt aber auch Verbpaare, bei denen denen der vollendete Aspekt die einfachere Form darstellt.

Verben des vollendeten Aspekts können nur in der Vergangenheit und der Zukunft stehen. Die Gegenwart ist logischerweise immer „unvollendet“.

Der gemeinsame Nenner für alle diese Verwendungen ist die Abgeschlossenheit (Vollendung) der Handlung, die entweder bereits faktisch vorliegt (Vergangenheit) oder gedanklich vorweggenommen wird (Zukunft).

Aspekte

In den Wörterlisten im Anhang wird für einige Verben nur der unvollendete Aspekt angegeben, weil er leichter zu beugen ist und die Zukunft einfach durch buty + Grundform gebildet wird. Auch wenn beim Sprechen Feinheiten verlorengehen, bleibt die Grundbedeutung erhalten, und – was besonders wichtig ist – man wird trotzdem verstanden.

Festung Akkerman

unvollendeter Aspekt (Verlauf, Dauer)

Pojisd jide schwydko.
Zug fährt schnell
Der Zug fährt schnell.

Wtschora ischow doschtsch.
gestern ging(m) Regen
Gestern regnete es / hat es geregnet.

vollendeter Aspekt (Resultat, feste Absicht)

Sawtra ja pojidu dodomu.
morgen ich fahre nach-Hause
Morgen fahre ich nach Hause.

Sein & Haben

Buty ist das Hilfsverb „sein“. Es wird jedoch z. T. anders als im Deutschen verwendet.

buty **(sein)**

Man benötigt die Beugungsformen von buty für die Bildung der Zukunft von unvollendeten Verben, die in der Grundform hinzugefügt werden. Für sich allein, also ohne ein weiteres Verb, drücken die Beugungsformen von buty die Zukunft von „sein“ selbst aus.

Sie finden die entsprechenden Formen im Abschnitt „Zukunft“ des Kapitels „Tätigkeitswörter“.

Gegenwart

Die unveränderliche einzige Gegenwartsform von buty lautet je *(ist, sind)*. Man verwendet je aber nur zum Ausdruck des Vorhandenseins:

Dyrektor je.
Direktor ist
Der Direktor ist da.

U mene je dotschka.
bei mir(2) ist Tochter
Ich habe eine Tochter.

Man benutzt je auch für den Ausdruck von Besitzverhältnissen. Dies kann man als Vorhandensein interpretieren: „Ich habe eine Tochter“ = „Bei mir ist eine Tochter“.

Im Unterschied zum Deutschen wird im Ukrainischen das Verb „sein“ für die Gegenwartszeit von Sätzen wie „Ich bin Arzt“ oder „Heute ist schönes Wetter“ nicht verwendet. Dort steht dann überhaupt kein Verb.

Ja turyßt / turyßtka.
ich Tourist(m/w)
Ich bin Tourist(in).

ß'ohodni harna pohoda.
heute schönes Wetter
Heute ist schönes Wetter.

Win ne wdoma.
er nicht zu-Hause
Er ist nicht zu Hause.

Das Eigenschaftswort richtet sich im grammatischen Geschlecht und in der Zahl nach dem Hauptwort. Anstelle eines Hauptwortes kann als übergeordnetes Bezugswort auch ein persönliches Fürwort stehen.

Wy harna diwtschyna.
ihr schönes Mädchen
Sie sind ein schönes Mädchen.

Ty molodyj.	**Ty moloda.**	**Wy molodi.**
du jung(m)	*du jung(w)*	*ihr junge(Mz)*
Du bist jung.	Du bist jung.	Ihr seid jung. / Sie sind jung.

Zukunft

Die Zukunftsform von buty *(sein)* wird mit den regelmäßigen eigentlichen Personenformen dieses Verbs gebildet, und zwar nach dem Muster der 1. Beugungsklasse.

Vergangenheit

Hier gilt wieder die Regel, dass sich die Vergangenheitsformen der Verben praktisch wie Eigenschaftswörter verhalten.

Auch die Vergangenheitsform wird regelmäßig gebildet:

	Einzahl	Mehrzahl
männlich	buw	buly
weiblich	bula	buly
sächlich	bulo	buly

Ja buw / bula w kino.
ich war(m/w) in Kino(6)
Ich war im Kino.

My buly u teatri.
wir waren in Theater(6)
Wir waren im Theater.

Ja buw chworyj.
ich war(m) krank(m)
Ich war krank.

Ja bula chwora.
ich war(w) krank(w)
Ich war krank.

Demnach gilt: Geht es um einen Mann, wird die männliche Form von Verb und Eigenschaftswort benutzt; spricht eine Frau, benutzt man die entsprechende weibliche Form.

maty (haben, besitzen)

Im Gegensatz zum Deutschen ist maty *(haben)* niemals ein Hilfsverb, sondern bedeutet stets nur „haben“ im Sinne von „etwas besitzen“.

Maty *wird regelmäßig nach der 1. Beugungsklasse gebeugt:*

maty	**haben**
Ja maju	ich habe
ty majesch	du hast
win maje	er hat
my majemo	wir haben
wy majete	ihr habt
wony majut’	sie haben

Nach maty *(haben)* steht das Hauptwort (also das, was man hat) immer im 4. Fall:

Ja maju maschynu.
ich besitze Auto(4)
Ich habe (besitze) ein Auto.

My majemo dim.
wir besitzen Haus(4)
Wir besitzen ein Haus.

Die Vergangenheitsformen von maty werden regelmäßig gebildet, also maw *(m)*, mala *(w)*, maly *(Mz)*.

Besitzverhältnisse kann man allerdings auch ohne maty ausdrücken, und zwar mit dem Verhältniswort u *(bei)* und dem Besitzer im 2. Fall, außerdem benötigt man noch die Verbform je *(ist = existiert)*. Hier nur ein Beispiel:

Ja maju knyhu.
ich besitze Buch(4)
Ich habe ein Buch.

U mene je knyha.
bei mir(2) ist Buch
Ich habe ein Buch.

Unregelmäßige Verben

Wie bereits am Rande erwähnt, sind die Zukunftsformen des vollendeten Aspekts dessen scheinbare Gegenwartsformen (wie hier daty*).*

Zu dieser Gruppe gehören Verben, die in der Gegenwart Abweichungen vom regulären Beugungsschema aufweisen. Für das Verb dawaty *(geben)* ist hier neben der Gegenwartsform (unvollendet) auch die vollendete Zukunftsform daty angegeben:

	jißty	ßpaty	dawaty	daty
	essen	**schlafen**	**geben**	**werde geben**
ja	jim	ßpl'u	daju	dam
ty	jißy	ßpysch	dajesch	daßy
win	jißt'	ßpyt'	daje	daßt'
my	jimo	ßpymo	dajemo	damo
wy	jißte	ßpyte	dajete	daßte
wony	jid'at'	ßpl'at'	dajut'	dadut'

Modalverben

Um ein anderes Verb mit einer modalen Zusatzbedeutung zu versehen (z. B. „können", „wollen"), kombiniert man das gebeugte Modalverb mit dem Infinitiv (Grundform) des betreffenden Verbs. Da nur die Modalverben gebeugt werden, kann man auf diese Weise schon grammatikalisch korrekt ausdrücken.

chotity (wollen)

Chotity *(wollen)* funktioniert genauso wie im Deutschen. Beachtet werden muss nur, dass bei der Beugung in der Gegenwart ein Mitlautwechsel eintritt, nämlich von -t- zu -tsch.

chotity	**wollen**
ja chotschu	ich will
ty chotschesch	du willst
win chotsche	er will
my chotschemo	wir wollen
wy chotschete	ihr wollt
wony chotschut'	sie wollen

Win chotsche ity.
er (er-)will gehen
Er will gehen.

My chotschemo pryjty.
wir (wir-)wollen kommen
Wir wollen kommen.

Ja chotschu morosywo.
ich (ich-)will Eis(4)
Ich möchte Eis.

mohty / umity (können, dürfen)

„Können" wird im Ukrainischen in zwei Bedeutungen gebraucht, nur verwendet man dafür unterschiedliche Verben:

Umity bedeutet „können" im Sinne von „eine Fähigkeit erworben / erlernt haben" bzw. „zu etwas in der Lage sein":

Ja umiju plawaty.
ich kann schwimmen
Ich kann schwimmen.

Ty umijesch hraty w schachu.
du kannst spielen in Schach(6)
Du kannst Schach spielen.

Mohty bedeutet „können" im Sinne von „die Möglichkeit zu etwas haben", „in Abhängigkeit von den äußeren Bedingungen zu etwas in der Lage sein" oder „physisch in der Lage sein". Bei der Beugung in der Gegenwart findet in allen Personen ein Mitlautwechsel statt, und zwar von -h- zu -sh-:

mohty	können
ja moshu	ich kann
ty moshesch	du kannst
win moshe	er kann
my moshemo	wir können
wy moshete	ihr könnt
wony moshut'	sie können

Ja moshu jisdyty do Waß.
ich kann fahren zu euch(2)
Ich kann zu Ihnen fahren.

Ja moshu tschytaty.
ich kann lesen
Ich kann lesen.

Von dem Verb mohty *(können, dürfen)* kann man die unpersönliche Form moshna *(man darf / kann)* bilden, im Sinne von „die Erlaubnis zu etwas haben". Diese Frage wird vor allem in Situationen verwendet, in denen man um die allgemeine Erlaubnis für etwas bittet.

Moshna?	**Moshna palyty / sajty?**
(man-)darf	*(man-)darf rauchen / vorbeikommen*
Darf man?	Darf man rauchen / eintreten?

Wenn moshna mit einem Hauptwort (im 4. Fall) kombiniert wird, ergibt sich folgender Sinn:

Moshna knyshku?
(man-)darf Buch(4)
Darf man ein Buch nehmen?

mußyty / treba (sollen, müssen)

„Müssen", „sollen" im Sinne von „den Auftrag, die Pflicht haben" wird mit mußyty ausgedrückt. Die Beugung ist nicht ganz regelmäßig, d. h. es findet ein Mitlautwechsel von

-ß- zu -sch- statt, allerdings nur für die 1. Person Einzahl *(ich)*.

mußyty	**müssen**
ja muschu	ich muss
ty mußysch	du musst
win mußyt'	er muss
my mußymo	wir müssen
wy mußyte	ihr müsst
wony muß'at'	sie müssen

Ja muschu wtschaßno ity dodomu.
ich muss pünktlich gehen nach-Hause
Ich muss pünktlich nach Hause gehen.

Treba *(man muss, es braucht)* im Sinne von „es ist notwendig" gibt es nur in dieser Form; es ist ein unveränderlicher Ausdruck:

Treba tschekaty.
(man-)muss warten
Man muss warten.

Treba jichaty.
(man-)muss fahren
Man / Ich muss fahren.

l'ubyty (mögen, lieben)

l'ubyty	**mögen / lieben**
ja l'ubl'u	ich mag / liebe
ty l'ubysch	du magst / liebst
win l'ubyt'	er mag / liebt
my l'ubymo	wir mögen / lieben
wy l'ubyte	ihr mögt / liebt
wony l'ubl'at'	sie mögen / lieben

©Inna Felker@Fotolia.com

Denkmal für die Gründer Kiews

Bei bestimmten Verben, darunter l'uby̲ty, wird vor die Beugungsendung der 1. Person Einzahl *(ich)* und der 3. Person Mehrzahl *(sie)* der Mitlaut -l- eingefügt. Die Vergangenheitsformen lauten: l'uby̲w *(m)*, l'uby̲la *(w)*, l'uby̲ly *(Mz)*.

Das Verb l'uby̲ty *(mögen, lieben)* kann als normales Vollverb verwendet werden; eine Satzergänzung steht dann immer im 4. Fall, z. B.:

Ja l'ubl'u̲ tebe̲.
ich liebe dich(4)
Ich liebe dich.

Ja l'ubl'u̲ myßte̲ztwo.
ich liebe Kunst(4)
Ich liebe Kunst.

Ja l'ubl'u̲ ßlu̲chaty mu̲syku.
ich liebe hören Musik(4)
Ich höre gern Musik.

Ja l'ubl'u̲ podoroshuwa̲ty.
ich liebe reisen
Ich reise gern.

Im Sinne von „etwas gern tun, etwas zu tun lieben" wird l'ubyty *aber wie ein modales Hilfsverb gebraucht. Die Ukrainer verwenden es sehr häufig in diesem modalen Sinne.*

Verben der Richtung & Bewegung

Zusätzlich zu den Aspektpaaren gibt es im Ukrainischen Paare von Verben der Bewegung, die beide im unvollendeten Aspekt stehen, von denen das eine zielgerichtete momentane Bewegung in eine bestimmte Richtung beschreibt und das andere eine regelmäßig stattfindende Hin- und Herbewegung. Zugleich wird damit der Unterschied zwischen „sich moment irgendwohin bewegen" und „sich regelmäßig bewegen" mitverstanden. Diese Verben werden sehr häufig verwendet.

Bewegung in eine Richtung:
(jetzt gerade, im Moment)

gehen: **ity**
(ja idu, ty idesch, ...)

Ja idu w teatr.
ich gehe in Theater(4)
Ich gehe ins Theater.

fahren: **jichaty**
(ja jidu, ty jidesch, ...)

My jidemo na wyßtawku.
wir fahren auf Ausstellung(4)
Wir fahren zur Ausstellung.

Hin- und Herbewegung:
(immer wieder, regelmäßig)

chodyty
(ja chodshu, ty chodysch, ...)

Ja tschaßto chodshu w teatr.
ich oft gehe in Theater(4)
Ich gehe oft ins Theater.

jisdyty
(ja jishdshu, ty jisdysch, ...)

Win tschaßto jisdyt' na pl'ash.
er oft fährt auf Strand(4)
Er fährt oft an den Strand.

Rückbezügliche Verben

Rückbezügliche Verben, z. B. „sich waschen“, erkennt man in der Regel an der Endung -ß'a *(„sich“)*, die an viele Verben einfach angehängt werden kann, wenn dies von der Bedeutung her sinnvoll ist.

domowl'atyß'a	sich verabreden
proschtschatyß'a	sich verabschieden
weßelytyß'a	sich vergnügen
sabludytyß'a	sich verirren
snachodytyß'a	sich befinden
snajomytyß'a	sich bekanntmachen
ßkarshytyß'a	sich beschweren

Diese Endung gilt für alle Personen. Sie bedeutet also nicht nur „sich“ (3. Person)!

Ja chotschu ßkarshytyß'a.
ich will beschweren-sich
Ich möchte mich beschweren.

Ja sabludywß'a / sabludylaß'a.
ich verirrte-sich(m/w)
Ich habe mich verirrt.

Bei der Personenbeugung wird die Endung -ß'a an das gebeugte Verb angehängt. Es gibt auch eine verkürzte Form -ß', die manchmal zu hören ist, wenn die Verbform auf einen Selbstlaut endet.

Rückbezügliche Verben

Manche typischerweise rückbezüglichen Verben kommen auch ohne die Endung -ß'a vor und ergeben dennoch Sinn.

sußtritschatyß'a	
sich mit jemandem treffen	
sußtritschaty	
jemanden treffen / begegnen / abholen	
wybatschytyß'a	
sich für etwas entschuldigen	
wybatschyty	
etwas entschuldigen	

Ja ß'ohodni sußtritschaju moju drushynu na woksali.
ich heute (ich-)abhole meine Frau auf Bahnhof(6)
Ich hole meine Frau heute auf dem Bahnhof ab.

Ja ß'ohodni sußtritschajuß'a s drus'amy.
ich heute (ich-)treffe-sich mit Freunden(5)
Ich treffe mich heute mit Freunden.

Nicht alle Verben, die im Deutschen rückbezüglich sind, müssen im Ukrainischen die rückbezügliche Endung -ß'a haben:

Es gibt einige wenige Verben, die rückbezüglich sind und trotzdem nicht -ß'a enthalten, sondern das unveränderliche rückbezügliche Fürwort ßebe *(sich) dem Verb nachstellen, z. B.* potschuwaty ßebe *(sich fühlen):* potschuwaju ßebe *(ich fühle mich),* potschuwajesch ßebe *(du fühlst dich) usw.*

rosmowl'aty
unterhalten
sich unterhalten

pryjmaty dusch
aufnehmen Dusche
sich duschen

rosmowl'aty s druhom
unterhalten mit Freund(5)
sich mit dem Freund unterhalten

Wranzi ja pryjmaju dusch.
morgens ich nehme Dusche(4)
Morgens dusche ich mich.

Fälle

Das Ukrainische verfügt über ein umfangreiches und kompliziertes System von Fällen. Im Deutschen gibt es nur vier Fälle, im Ukrainischen dagegen sieben. Im Ukrainischen werden Hauptwörter, Eigenschaftswörter, persönliche, besitzanzeigende sowie sonstige Fürwörter durch bestimmte Endungen fallgebeugt.

Die folgenden sieben Fälle gibt es im Ukrainischen:

1.	Nominativ (Werfall, *Frage:* wer?) „der Freund“
2.	Genitiv (Wesfall, *Frage:* wessen?) „des Freundes“
3.	Dativ (Wemfall, *Frage:* wem?) „dem Freund“
4.	Akkusativ (Wenfall, *Frage:* wen?) „den Freund“
5.	Instrumental (*Frage:* mit wem?) „mit dem Freund“
6.	Lokativ (*Frage:* wo?) „beim Freund“
7.	Vokativ („Anredefall“) „o Freund!“

Zur besseren Kennzeichnung der Fälle steht in der Wort-für-Wort-Übersetzung in Klammern stets die „Nummer“ des betreffenden Falls entsprechend der obigen Zählung.

1. bis 4. Fall

Im 1. Fall stehen die Haupt- und Eigenschaftswörter in den Wörterlisten.

Mit Verhältniswörtern kommt der 2. Fall im Ukrainischen viel häufiger vor als im Deutschen.

Die ersten vier Fälle werden eigentlich wie im Deutschen gebraucht: Der 1. Fall (Nominativ) ist das „normale" (ungebeugte) Wort.

Der 2. Fall (Genitiv) steht wie im Deutschen in Besitzausdrücken wie „der Vater des Kindes" oder nach einigen Verhältniswörtern.

Der 3. und 4. Fall werden ähnlich wie im Deutschen verwendet, aber natürlich gibt es Unterschiede in den Details. Außerdem stehen diese Fälle auch nach bestimmten Verhältnis- und Tätigkeitswörtern.

druh druha
Freund Freund(2)
der Freund des Freundes

Ja daju druhowi knyshku.
ich gebe Freund(3) Buch(4)
Ich gebe dem Freund das Buch.

Ja batschu druha.
ich sehe Freund(4)
Ich sehe den Freund.

5. Fall (Instrumental)

Der 5. Fall (Instrumental) kennzeichnet das Instrument, mit dessen Hilfe etwas geschieht, oder die Person, die eine andere Person bei etwas begleitet. Wenn das „Instrument" ein Gegenstand ist, braucht man kein zusätzliches Verhältniswort (wie etwa „mit").

Ja jidu maschynoju.
ich fahre Auto(5)
Ich fahre mit dem Auto.

Ja sajmajuß' musykoju.
ich beschäftige-sich Musik(5)
Ich beschäftige mich mit Musik.

Wenn das „Instrument“ eine Person ist (also ein Begleiter), ist ein Verhältniswort erforderlich, v. a. s *(mit)* bzw. si (Variante vor Wörtern mit mehreren Mitlauten am Wortanfang):

Ja howor'u s druhom / s shinkoju.
ich spreche mit Freund(5) / mit Frau(5)
Ich spreche mit dem Freund / mit der Frau.

si mnoju
mit mir(5)
mit mir

6. Fall (Lokativ)

Der Lokativ bezeichnet den Ort, an dem etwas geschieht. Zusätzlich braucht man wie im Deutschen ein geeignetes Verhältniswort:

Ja shywu w Nimetschtschyni.
ich wohne in Deutschland(6)
Ich wohne in Deutschland.

U naschomu mißti je opernyj teatr.
in unserer Stadt(6) ist Opern- Theater
In unserer Stadt gibt es ein Opernhaus.

Kwytok leshyt' na ßtoli.
Eintrittskarte (sie-)liegt auf Tisch(6)
Die Eintrittskarte liegt auf dem Tisch.

7. Fall (Vokativ)

Der Vokativ („Anredefall“) ist für die Anrede von Personen bestimmt:

Drushe!
Freund(7)
O Freund!

Pani Petrowa!
Frau(7) Petrowa
Frau Petrowa!

Pane Petrow!
Herr(7) Petrow
Herr Petrow!

Oper in Lemberg (Lwiw)

Beugung der Hauptwörter

Eine große Bedeutung haben im Zusammenhang mit dem Gebrauch der Fälle die Verhältniswörter, da sie jeweils einen ganz bestimmten Fall nach sich ziehen.

Bei der Beugung werden die Hauptwörter nicht nur in „harte" bzw. „weiche" Gruppen eingeteilt, sondern es ist auch von Bedeutung, ob das Hauptwort ein Lebewesen oder etwas „Unbelebtes" (einen konkreten Gegenstand oder ein abstraktes Konzept) bezeichnet.

Nicht nur die Hauptwörter können gebeugt werden, sondern darüber hinaus auch die Eigenschaftswörter, Fürwörter, Zahlwörter und Fragewörter. Auf eine Darstellung von deren oftmals abweichenden Beugungsendungen wird hier allerdings verzichtet.

Eine Aufstellung der gebräuchlichsten Verhältniswörter mit den dazugehörigen Fällen findet sich im Kapitel „Verhältniswörter".

Bei den männlichen Hauptwörtern in der Einzahl ist es schwer, im 2. Fall ein sauberes Kriterium für die Auswahl von -a oder -u zu finden. Grob gesagt, haben Lebewesen und Gegenstände die Endung -a, abstrakte Begriffe (einschließlich Institutionen wie z. B. „Theater") aber -u.

Die Beugungsmuster der Hauptwörter werden hier anhand eines Beispielwortes aufgeführt. Die Endungen sind zur besseren Übersicht durch einen Bindestrich abgetrennt.

männliche Hauptwörter Einzahl

	hart: *auf Mitlaut*		**hart:** *auf* -o
	belebt:	**unbelebt:**	**belebt:**
	brat *(Bruder)*	**teatr** *(Theater)*	**bat'ko** *(Vater)*
1.	**brat**	**teatr**	**bat'k-o**
2.	**brat-a**	**teatr-u**	**bat'k-a**
3.	**brat-owi / -u**	**teatr-u**	**bat'k-owi / -u**
4.	**brat-a**	**teatr**	**bat'k-a**
5.	**brat-om**	**teatr-om**	**bat'k-om**
6.	**brat-owi / -u**	**teatr-i**	**bat'k-owi / -u**
7.	**brat-e**	**teatr-e**	**bat'k-u**

Wichtig ist die systematische Unterscheidung des Belebtheitskriteriums beim 4. Fall der Einzahl männlicher Hauptwörter sowie in der Mehrzahl bei allen Geschlechtern: der 4. Fall ist bei „Belebtem" identisch mit dem 2. Fall, bei „Unbelebtem" jedoch gleich dem 1. Fall. Bei weiblichen „belebten" Hauptwörtern in der Einzahl gilt diese Gleichsetzung 4. = 2. Fall jedoch nicht.

	weich: *auf* -j	
	belebt:	**unbelebt:**
	wodij *(Fahrer)*	kraj *(Gebiet)*
1.	wodij	kraj
2.	wodij-a	kraj-u
3.	wodij-ewi / -u	kraj-u / -ewi
4.	wodij-a	kraj
5.	wodij-em	kraj-em
6.	wodij-i	kraj-u / -i
7.	wodij-u	kraj-u

weibliche Hauptwörter Einzahl

	hart: *auf* -a		**hart:** *Mitlaut*
	belebt:	**unbelebt:**	**unbelebt:**
	mama *(Mama)*	doschka *(Schultafel)*	nitsch *(Nacht)*
1.	mam-a	doschk-a	nitsch
2.	mam-y	doschk-y	notsch-i
3.	mam-i	doschz-i	notsch-i
4.	mam-u	doschk-u	nitsch
5.	mam-oju	doschk-oju	nitsch-ju
6.	mam-i	doschz-i	notsch-i
7.	mam-o	doschk-o	notsch-e

Weibliche Hauptwörter, deren Stamm im 1. Fall auf -k, -g oder -ch enden, zeigen im 3. und 6. Fall einen Mitlautwechsel: -k wird zu -z, -g wird zu -s, und -ch wird zu -ß. Im obigen Beispiel wird daher doschka (*Schultafel*, 1. Fall) zu doschzi (3. + 6. Fall).

Bei weiblichen einsilbigen Hauptwörtern mit einem -i- im Stamm wird im 2., 3., 6. und 7. Fall dieses -i- durch -o- ersetzt, wie z. B. bei nitsch *(Nacht)* und ßil' *(Salz)*.

	weich: *auf* -ja **belebt:** **ßimja** *(Familie)*	 **unbelebt:** **nadija** *(Hoffnung)*	**weich:** *auf* -' **unbelebt:** **ßil'** *(Salz)*
1.	**ßimj-a**	**nadij-a**	**ßil'**
2.	**ßimj-i**	**nadij-i**	**ßol-i**
3.	**ßimj-i**	**nadij-i**	**ßol-i**
4.	**ßimj-u**	**nadij-u**	**ßil'**
5.	**ßimj-eju**	**nadij-eju**	**ßil-'u**
6.	**ßimj-i**	**nadij-i**	**ßol-i**
7.	**ßimj-e**	**nadij-e**	**ßol-e**

sächliche Hauptwörter Einzahl

	hart: *auf* -o **unbelebt:** **mißto** *(Stadt)*	**weich:** *auf* -e **unbelebt:** **more** *(Meer)*	**weich:** *auf* -'a **unbelebt:** **shyt'a** *(Leben)*
1.	**mißt-o**	**mor-e**	**shyt-'a**
2.	**mißt-a**	**mor-'a**	**shyt-'a**
3.	**mißt-u**	**mor-'u**	**shyt-'u**
4.	**mißt-o**	**mor-e**	**shyt-'a**
5.	**mißt-om**	**mor-em**	**shyt-'am**
6.	**mißt-i**	**mor-i**	**shyt-i**
7.	**mißt-o**	**mor-e**	**shyt-'a**

Mehrzahl

Männliche und weibliche Hauptwörter enden in der Mehrzahl auf -y (harte Gruppe) oder auf -i (weiche Gruppe). Werden die Hauptwörter nun gebeugt, wird die Mehrzahlendung durch die jeweilige Fall-Endung ersetzt.

	männlich		**sächlich**	
	hart:	**weich:**	**hart:**	**weich:**
	braty	**kraji**	**mißta**	**mor'a**
	(Brüder)	*(Gebiete)*	*(Städte)*	*(Meere)*
1.	**brat-y**	**kraj-i**	**mißt-a**	**mor-'a**
2.	**brat-iw**	**kraj-iw**	**mißt**	**mor-iw**
3.	**brat-am**	**kraj-am**	**mißt-am**	**mor-'am**
4.	**brat-iw**	**kraj-i**	**mißt-a**	**mor-'a**
5.	**brat-amy**	**kraj-amy**	**mißt-amy**	**mor-'amy**
6.	**brat-ach**	**kraj-ach**	**mißt-ach**	**mor-'ach**
7.	**brat-y**	**kraj-i**	**mißt-a**	**mor-'a**

	weiblich		
	hart:	**weich:**	**hart:**
	shinky	**ßimji**	**notschi**
	(Frauen)	*(Familien)*	*(Nächte)*
1.	**shink-y**	**ßimj-i**	**notsch-i**
2.	**shinok**	**ßim-ej**	**notsch-ej**
3.	**shink-am**	**ßimj-am**	**notsch-am**
4.	**shinok**	**ßimj-i**	**notsch-i**
5.	**shink-amy**	**ßimj-amy**	**notsch-amy**
6.	**shink-ach**	**ßimj-ach**	**notsch-ach**
7.	**shink-y**	**ßimj-i**	**notsch-i**

Wie man sieht, ist die Beugung mit Hauptwörtern in der Mehrzahl einfacher: Die männlichen, weiblichen und sächlichen Hauptwörter haben nur im 1., 2. und 4. Fall verschiedene Fall-Endungen.

Bei einigen weiblichen Hauptwörtern wird im 2. und 4. Fall (bei belebten) oder nur im 2. Fall (bei unbelebten) jeweils ein -o oder -e eingeschoben und keine Endung angefügt, z. B. shinky (*Frauen*, 1. Fall) wird zu shinok (2., 4. Fall), semli (*Ländereien*, 1. Fall) wird zu semel' (2. Fall).

Wessen? Wem? Wen?

Noch mal zur Erinnerung: Im 1. Fall (Nominativ) verwendet man als persönliche Fürwörter deren Grundformen, die bereits im entsprechenden Kapitel vorgestellt worden sind. Wird aber (z. B. nach einem Verb oder einem Verhältniswort) ein anderer Fall verlangt, müssen wie im Deutschen auch die persönlichen Fürwörter gebeugt werden.

Im folgenden Satz wird z. B. für das persönliche Fürwort der 3. Fall verlangt (die Zahlen bezeichnen den Fall):

Ja bashaju tobi schtschaßt'a.
ich wünsche dir(3) Glück(2)
Ich wünsche dir Glück.

Wessen? Wem? Wen?

Ez:	**ja** *(ich)*	**ty** *(du)*	**win** *(er)*	**wona** *(sie)*
2.	**mene / u mene**	**tebe / u tebe**	**joho / u n'oho**	**jiji / u neji**
3.	**meni**	**tobi**	**jomu**	**ji**
4.	**mene**	**tebe**	**joho**	**jiji**
5.	**mnoju**	**toboju**	**nym**	**neju**
6.	**na meni**	**na tobi**	**na n'omu**	**na nij**
Mz:	**my** *(wir)*	**wy** *(ihr / Sie)*	**wony** *(sie)*	
2.	**naß / u naß**	**waß / u waß**	**jich / u nych**	
3.	**nam**	**wam**	**jim**	
4.	**naß**	**waß**	**nych**	
5.	**namy**	**wamy**	**nymy**	
6.	**na naß**	**na waß**	**na nych**	

Für den 2. Fall sind jeweils zwei Formen angegeben; die zweite Variante steht nach vielen Verhältniswörtern. Wie bereits erwähnt, wird mit dem Verhältniswort u *(bei) und dem persönlichen Fürwort im 2. Fall das Besitzverhältnis ausgedrückt („haben"). Außerdem benötigt man dazu noch das Verb* buty *(sein), die entsprechende Form in der Gegenwart lautet* je *(ist, sind). Das, was man besitzt, steht immer im 1. Fall.*

U mene je awtomobil'.
bei mir(2) ist Auto
Ich habe (besitze) ein Auto.

U naß je dim.
bei uns(2) ist Haus
Wir haben (besitzen) ein Haus.

bes mene	**u mene**	**Meni dushe schkoda.**
ohne mich(2)	*bei mir(2)*	*mir(3) sehr Leid*
ohne mich	bei mir	Es tut mir sehr Leid.

Ja l'ubl'u tebe.
ich liebe dich(4)
Ich liebe dich.

Ja Wam dushe wd'atschnyj / wd'atschna.
ich euch(3) sehr dankbar(m/w)
Ich bin Ihnen sehr dankbar.

Wortstellung

Die Wortfolge im ukrainischen Satz kann stärker variieren als im Deutschen. Dennoch gibt es bestimmte Regeln, nach denen die Satzglieder im Satz angeordnet werden. Als Muster soll hier die Wortstellung im einfachen Aussagesatz vorgestellt werden. Die Satzstellung im einfachen Satz ist wie im Deutschen:

Hauptwort	Verb	Satzergänzung	Umstandsergänzung
Druh	**saproschuje**	**naß**	**w hoßti.**
Freund	*(er-)bittet*	*uns(4)*	*in Gast(6)*
Der Freund lädt uns zu Gast ein.			

My chotschemo kupyty ukrajinß'kyj ßuwenir.
wir wollen kaufen ukrainisches(4) Souvenir(4)
Wir wollen ein ukrainisches Souvenir kaufen.

Ja ßnidaju w nomeri.
ich frühstücke in Zimmer(6)
Ich frühstücke im (Hotel-)Zimmer.

Ja chotschu pojichaty do Tschornoho mor'a.
ich will fahren zu Schwarzes(2) Meer(2)
Ich will an das Schwarze Meer fahren.

Bindewörter

Bindewörter können genauso wie im Deutschen verwendet werden. Sie verbinden Wörter oder bei- und untergeordnete Sätze.

i, ta	und	**schtscho**	dass
abo	oder	**abo ... abo**	entweder ... oder
ale, a	aber	**bo**	weil
jak	wie	**jakschtscho**	wenn, falls
ni ... ni	weder ... noch	**tschy**	ob
schtschob	um zu	**to**	so, dann

Win ßkazaw, schtscho pryjde ß'ohodni.
er sagte(m) dass (er-)kommt heute
Er hat gesagt, dass er heute kommt.

Abo ß'ohodni, abo sawtra pryjide moja ßimja.
entweder heute oder morgen (sie-)herfährt meine Familie
Entweder heute oder morgen kommt meine Familie her.

Jakschtscho Wam ze podobajet'ß'a, to ja prywesu.
wenn euch(3) das (es-)gefällt-sich dann ich bringe
Wenn Ihnen das gefällt, werde ich es Ihnen beschaffen.

Verhältniswörter

Wie im Deutschen ziehen die Verhältniswörter auch im Ukrainischen jeweils bestimmte Fälle nach sich, d. h. das nachfolgende Haupt-, Eigenschafts-, Für- oder Zahlwort muss im geforderten Fall gebeugt werden.

2. Fall

bes	ohne	**do**	bis, zu
is / s	aus, von	**wid**	von *(örtl.)*
krim	außer	**proty**	gegen
u	bei	**pißl'a**	nach
samißt'	anstatt		

Die Verhältniswörter werden hier nach Fällen sortiert aufgeführt.

bes mene
ohne mich(2)
ohne mich

krim tebe
außer dir(2)
außer dir

Mit u *(bei)* kann man auch Besitzverhältnisse ausdrücken. Es folgt das im 2. Fall gebeugte persönliche Fürwort und je *(ist, sind)* sowie die Gegenwartsform von buty *(sein)*:

U mene je brat.
bei mir(2) ist Bruder
Ich habe einen Bruder.

U Waß je maschyna?
bei euch(2) ist Auto
Haben Sie ein Auto?

3. Fall

o	um *(Uhrzeit)*

Mit o *(um) wird nur die Uhrzeit angegeben. Dazu braucht man außerdem die Ordnungszahlen.*

o dewjatij hodyni
um neunte(3) Stunde(3)
um neun Uhr

o druhij hodyni
um zweite(3) Stunde(3)
um zwei Uhr

4. Fall

tscheres	in *(zeitl.)*; durch, über *(örtl.)*
sa	in, innerhalb *(zeitl.)*

tscheres wulyz'u
über Straße(4)
über die Straße

tscheres hodynu
über Stunde(4)
in einer Stunde

sa dwi hodyny
in zwei Stunden(4)
innerhalb von zwei Stunden

5. Fall

pered	vor
sa	hinter
s / si	mit

pered domom
vor Haus(5)
vor dem Haus

s druhom
mit Freund(5)
mit dem Freund

Diese Verhältniswörter stehen im 6. Fall, wenn sie auf die Frage „wo?“ antworten. Als Antwort auf die Frage „wohin“ (also bei Bewegungsverben) verlangen sie hingegen den 4. Fall.

6. Fall

na	auf, an
u	in *(zeitl.)*
w / u	in *(örtl.)*
na	in *(örtl.)*

Bei einigen Verhältniswörtern gibt es jeweils zwei Varianten, z. B. s oder si *(mit)*, w oder u *(in, örtl.)*. Die Wahl hängt von der lautlichen Umgebung ab: Vor und nach Selbstlauten steht w, vor bzw. zwischen Mitlauten steht u, während si hauptsächlich vor schwer auszusprechenden Mitlautkombinationen steht.

s namy *mit uns(5)*	mit uns
si mnoju *mit mir(5)*	mit mir
w uniwerßyteti *in Universität(6)*	in der Universität
u mahasyni *in Geschäft(6)*	im Geschäft

Die Verhältniswörter na und w / u *(in, örtl.)* werden typischerweise mit bestimmten Hauptwörtern kombiniert, auch wenn beide auf die Frage „wo?" antworten. In der Regel wird na für unbegrenzte Areale bzw. Oberflächen, und w bzw. u für begrenzte Areale, geschlossene Behältnisse und Gebäude verwendet. Das Hauptwort steht hier immer im 6. Fall:

na ßtadioni	im Stadion
na ploschtschi	auf dem Platz
na wulyzi	auf der Straße
u mahasyni	im Geschäft
u teatri	im Theater
w uniwermasi	im Kaufhaus

Verneinung

Verben und Hauptwörter werden mit vorangestelltem ne *(nicht, kein)* verneint:

Ja ne rosumiju.
ich nicht (ich-)verstehe
Ich verstehe nicht.

Kimnata meni ne podobajet'ß'a.
Zimmer mir(3) nicht (es-)gefällt-sich
Das Zimmer gefällt mir nicht.

Win ne tut, a wdoma.
er nicht hier aber zu-Hause
Er ist nicht hier, sondern zu Hause.

Ja ne pryjdu.
ich nicht (ich-)komme
Ich komme nicht.

Ze ne harno.
das nicht schön
Das ist nicht schön.

Das Wort ni *(nein)* steht oft zusätzlich zur Satzverneinung:

Ni, ja ß'ohodni ne pryjdu.
nein ich heute nicht (ich-)komme
Nein, ich komme heute nicht.

Wird das Vorhandensein eines Hauptworts mit der unpersönlichen Konstruktion nema *(es gibt nicht) verneint, steht dieses im 2. Fall.*

Nema chliba.
(es-)nicht-gibt Brot(2)
Es gibt kein Brot.

Nema tschaßu.
(es-)nicht-gibt Zeit(2)
Ich habe / Wir haben keine Zeit.

Joho nema wdoma.
ihn(2) (es-)nicht-gibt zu-Hause
Er ist nicht zu Hause.

Werden die folgenden speziellen Verneinungswörter verwendet, wird das Verb zusätzlich verneint (also doppelte Verneinung). Möglich ist dann die Verneinung mit ne *(nicht)* oder mit nema *(es gibt nicht):*

nitschoho	nichts	**nichto**	niemand
nide	nirgends	**nikoly**	niemals

Nitschoho nema.
nichts (es-)nicht-gibt
Es gibt nichts.

Tut nema nide chliba.
hier (es-)nicht-gibt nirgends Brot(2)
Hier gibt es kein Brot.

Nide ne mih / mohla kupyty pywa.
nirgends nicht konnte(m/w) kaufen Bier(2)
Ich konnte nirgends Bier kaufen.

Nichto nitschoho ne snaje.
niemand nichts nicht (er-/sie-)weiß
Niemand weiß Bescheid.

Ja tut nikoho ne snaju.
ich hier niemand(2) nicht (ich-)kenne
Ich kenne hier niemanden.

Achtung: nichto *(niemand) kann gebeugt werden. Es ist von* chto *(jemand, wer?) abgeleitet. Der 2. Fall von* chto *lautet* koho, *und* nikoho *stellt die Verneinung von* koho *dar, wörtlich: „nicht jemandes“.*

Fragen

Die Antworten: tak *(ja)*, ni *(nein)*, moshlywo *(vielleicht)*

Entscheidungsfragen kann man nur mit „ja" oder „nein" (sowie „vielleicht") beantworten. Sie werden ohne Fragewörter gebildet.

Entscheidungsfragen

Die Wortstellung ist in der Regel genauso wie im Aussagesatz. Das Wort, nach dem gefragt wird, wird lediglich stärker betont.

Win buw u teatri.	**Win buw u teatri?**
er war(m) im Theater(6)	*er war(m) im Theater(6)*
Er war im Theater.	War er im Theater?

Die Wortstellung wird aber manchmal auch vertauscht:

Pojisd widchichaw.	**Widchichaw pojisd?**
Zug abfuhr(m)	*abfuhr(m) Zug*
Der Zug ist abgefahren.	Ist der Zug abgefahren?

Ergänzungsfragen

Ergänzungsfragen werden mit Fragewörtern gebildet. Man antwortet mit einem vollständigen Satz. Die Fragewörter stehen in den meisten Fällen am Satzanfang, dann folgen das Verb und der Fragegegenstand.

Wie man in der folgenden Tabelle sieht, kann das Fragewort chto? *(wer?)* gebeugt werden. In der Antwort muss der Fragegegenstand dann in demselben Fall stehen.

chto?	wer?	**swidky?**	woher?
koho? *wer(2)*	wessen?	**koly?**	wann?
		ßkil'ky?	wie viel?
komu? *wer(3)*	wem?	**jakyj?**	welcher?
		kotryj?	welch ein?
koho? *wer(4)*	wen?	**tschy?**	ob?
		schtscho?	was?
kym? *wer(5)*	mit wem?	**kudy?**	wohin?
		tschomu?	warum?
na komu? *an wer(6)*	zu wem?	**swidkoly?**	seit wann?
		jak?	wie?
de?	wo?	**jak tschaßto?**	wie oft?
tschyj?*	wessen?		

** Achtung:* tschyj? *(wessen?) richtet sich wie ein Eigenschaftswort in Zahl und Geschlecht nach dem dazugehörigen Hauptwort:* tschyja *(w),* tschyje *(s),* tschyji *(Mz). Dagegen ist* koho *der 2. Fall zu „wer?“.*

Tschyj ze budynok?
wessen dieses(s) Haus
Wessen Haus ist das?

Tschyj ze paßport?
wessen dieser(s) Ausweis
Wessen Ausweis ist das?

De snachodyt'ß'a Wolodymyrß'kyj ßobor?
wo (sie-)befindet-sich Wladimir Kathedrale
Wo befindet sich die Wladimir-Kathedrale?

Jak projty do poschty?
wie durchgehen bis Postamt(2)
Wie kommt man zum Postamt?

U koho je sajwyj kwytok?
bei wessen(2) ist übrig Karte
Wer hat eine Karte übrig?

Chto ze?
wer dieses(s)
Wer ist das?

Schtscho ze?
was dieses(s)
Was ist das?

Chto tam?
wer dort
Wer ist dort?

Schtscho tam?
was dort
Was ist dort?

Tschy je u Waß pliwka?
ob ist bei euch(2) Film
Haben Sie einen Film?

Schtscho tobi podobajet'ß'a?
was dir(3)(es-)gefällt-sich
Was gefällt dir?

Koly potschynajet'ß'a wyßtawa?
wann (sie-)beginnt-sich Vorstellung
Wann beginnt die Vorstellung?

Jak Wy poshywajete?
wie ihr lebt
Wie geht es Ihnen?

Kudy Wy jidete?
wohin ihr fahrt
Wohin fahren Sie?

Jak Waß swut'?
wie euch(4) (sie-)nennen
Wie heißen Sie?

Wenn man alte Bekannte oder Freunde wiedersieht, kann man sagen:

Koho ja batschu?
wen(4) ich sehe
Wen sehe ich da?

Auffordern

Es gibt je eine Befehlsform für die Ein- und für die Mehrzahl. Um diese Formen zu bilden, streicht man von der Grundform des Verbs die Endung -ty weg. An diesen Stamm hängt man – je nachdem, ob er auf einen Selbst- oder Mitlaut endet – die Endungen aus folgender Tabelle an. Endet ein Stamm auf einen Mitlaut und ist dabei mehrsilbig, streicht man davon ein weiteres Endungselement ab, um die Befehlsform zu bilden.

Zur Kennzeichnung der Befehlsform steht in der Wort-für-Wort-Übersetzung ein Ausrufezeichen in Klammern.

Stamm auf:	Selbstlaut	Mitlaut einsilbig	Mitlaut mehrsilbig
Einzahl	-j	-y	-’
Mehrzahl	-jte	-it’	-’te

daty	geben
daj!	gib!
dajte!	gebt!
neßty	tragen
neßy!	trage!
neßit’!	tragt!
doswolyty	erlauben
doswol’!	erlaube!
doswol’te!	erlaubt!

Jemanden, den man siezt, fordert man mit der Mehrzahlform auf.

Bud’ laßka, ßkashit’ meni!
bitte sagt(!) mir(3)
Bitte, sagen Sie mir!

Powtorit’!
wiederholt(!)
Wiederholen Sie!

Pidijdit' ß'udy!
herkommt(!) hierher
Kommen Sie hierher!

Sachod'te!
eintretet(!)
Treten Sie ein!

Dopomoshit' meni!
helft(!) mir(3)
Helfen Sie mir!

Potschekajte chwylynku!
wartet(!) Minute(4)
Warten Sie einen Augenblick!

Doswol'te sapytaty!
erlaubt(!) fragen
Erlauben Sie die Frage!

Doswol'te sapalyty?
erlaubt(!) rauchen
Gestatten Sie, dass ich rauche?

Doswol'te swertatyß'a do Waß s prochann'am!
erlaubt(!) wenden-sich zu euch(2) mit Bitte(5)
Erlauben Sie, dass ich mich mit einer Bitte an Sie wende?

Ta, chaj ßydyt'!
ach soll (er-)sitzt
Ach, er soll sitzenbleiben!

Chaj win sajde do mene!
soll er vorbeikommt bis mich(2)
Soll er bei mir vorbeikommen!

Es gibt im Ukrainischen auch die Möglichkeit, die Befehlsform mit chaj *zu bilden, das man vor die gebeugte Form des Verbs stellt. In familiären und inoffiziellen Gesprächen wird* chaj *oft verwendet. Es bedeutet so viel wie „lasst, soll".*

Zahlen & Zählen

Bei den Zahlen 1 und 2 unterscheidet man männliche, weibliche und sächliche Formen.

Grundzahlen

0	**nul'**	10	**deß'at'**
1	**odyn** *(m)*, **odna** *(w)*, **odne** *(s)*	11	**odynadz'at'**
2	**dwa** *(m, s)*, **dwi** *(w)*	12	**dwanadz'at'**
3	**try**	13	**trynadz'at'**
4	**tschotyry**	14	**tschotyrnadz'at'**
5	**pjat'**	15	**pjatnadz'jat'**
6	**schißt'**	16	**schißtnadz'at'**
7	**ßim**	17	**ßimnadz'at'**
8	**wißim**	18	**wißimnadz'at'**
9	**dewjat'**	19	**dewjatnadz'at'**

10	**deß'at'**	100	**ßto**
20	**dwadz'at'**	200	**dwißti**
30	**trydz'at'**	300	**tryßta**
40	**ßorok**	1000	**tyß'atscha**
50	**pjatdeß'at**	10.000	**deß'at' tyß'atsch**
60	**schißtdeß'at**	100.000	**ßto tyß'atsch**
70	**ßimdeß'at**	1.000.000	**odyn mil'jon**
80	**wißimdeß'at**		
90	**dewjanoßto**		

Die zusammengesetzten Zahlen bildet man, indem man die Einer den Zehnern und diese dann den Hundertern usw. nachstellt:

dwadz'at' odyn *zwanzig eins*	einundzwanzig
dwadz'at' dwa *zwanzig zwei*	zweiundzwanzig
ßto dwadz'at' odyn *hundert zwanzig eins*	hunderteinundzwanzig

Zählen

Beim Zählen ist zu beachten, dass der zu zählende Gegenstand je nach Zahlwort in einem bestimmten Fall gebeugt werden muss:

Zahlwort (Grundzahl):	verlangt Beugung im ... Fall:
1 (21, 31 *usw.*)	1. Fall Einzahl
2, 3, 4 (22, 23, 24 *usw.*)	1. Fall Mehrzahl
5 bis 20 (25 bis 30 *usw.*)	2. Fall Mehrzahl

odna maschyna	**dwi maschyny**	**pjat' maschyn**
ein Auto	*zwei Autos*	*fünf Autos(2)*
ein Auto	zwei Autos	fünf Autos

Meni dwadz'at' odyn rik.
mir(3) zwanzig eins Jahr
Ich bin 21 Jahre alt.

Meni trydz'at' dwa roky.
mir(3) dreißig zwei Jahre
Ich bin 32 Jahre alt.

Meni trydz'at' rokiw.
mir(3) dreißig Jahre(2)
Ich bin 30 Jahre alt.

Ordnungszahlen

Die Ordnungszahlen kennen männliche, weibliche und sächliche Formen. Da man aber vor allem die sächlichen Formen (für die Datumsangabe) braucht, stehen in der folgenden Tabelle nur diese. Bei den weiblichen Formen wird die Endung -e durch -a ersetzt.

persche	erstes	**schoßte**	sechstes
druhe	zweites	**ß'ome**	siebentes
tret'e	drittes	**woß'me**	achtes
tschetwerte	viertes	**dewjate**	neuntes
pjate	fünftes	**deß'ate**	zehntes

odynadz'ate	elftes
dwanadz'ate	zwölftes
trynadz'ate	dreizehntes
tschotyrnadz'ate	vierzehntes
pjatnadz'ate	fünfzehntes
schißtnadz'ate	sechzehntes
ßimnadz'ate	siebzehntes
wißimnadz'ate	achtzehntes
dewjatnadz'ate	neunzehntes
dwadz'ate	zwanzigstes

dwadz'at' persche *zwanzig erstes*	einundzwanzigstes
trydz'at' druhe *dreißig zweites*	zweiunddreißigstes

Zeit & Datum

Im Folgenden nun das Wichtigste zum Thema Zeit und Datum.

wichtige Zeitangaben

ranok	Morgen	**wranzi**	morgens
do obidu	vormittags	**pißl'a obidu**	nachmittags
bis Mittagessen(2)		*nach Mittagessen(2)*	
den'	Tag	**wden'**	tagsüber
wetschir	Abend	**wwetscheri**	abends
nitsch *(w)*	Nacht	**unotschi**	nachts
wtschora	gestern	**posawtschora**	vorgestern
ß'ohodni	heute	**sawtra**	morgen
pißl'asawtra	übermorgen	**saras**	sofort
teper	jetzt	**tschaßto**	oft
ridko	selten	**ßkoro**	bald
rano	früh	**ranische**	früher
pisno	spät	**pisnische**	später

tscheres den' / tyshden' / mіß'az'
durch Tag(4) / Woche(4) / Monat(4)
in einem Tag / einer Woche / einem Monat

dwa / try tyshni
zwei / drei Wochen
zwei / drei Wochen

Uhrzeit

Für die Zeitangaben empfehlen wir, jeweils auf volle und halbe Stunden auf- oder abzurunden, da andere Uhrzeiten sehr schwierig auszudrücken sind.

Kotra hodyna?
welche(w) Stunde
Wie spät ist es?

Saras perscha hodyna.
jetzt erste(w) Stunde
Jetzt ist es ein Uhr.

Saras tret'a hodyna.
jetzt dritte Stunde
Jetzt ist es drei Uhr.

Bei der Angabe von halben Stunden benötigt man die weibliche Form der Ordnungszahl im 4. Fall. Diese kann man auch von der sächlichen Ordnungszahl ableiten, indem man nämlich deren Endung -e durch -u ersetzt.

Piw na schoßtu.
halb auf sechste(w 4)
Es ist halb sechs.

Piw na woß'mu.
halb auf achte(w 4)
Es ist halb acht.

Tschwert' na schoßtu.
viertel auf sechste(w 4)
Es ist viertel nach fünf.

Sa tschwert' ß'oma.
auf viertel siebente(w 2)
Es ist viertel vor sieben.

Do jakoho tschaßu?
bis welche(2) Zeit(2)
Bis wie viel Uhr?

O kotrij hodyni?
um welche(3) Stunde(3)
Um wie viel Uhr?

o deß'atij hodyni
um zehnte(3) Stunde(3)
um zehn Uhr

Pot'omkin-Treppen, Odessa

Wochentage

ponedilok	Montag
wiwtorok	Dienstag
ßereda *(w)*	Mittwoch
tschetwer	Donnerstag
pjatnyz'a *(w)*	Freitag
ßubota *(w)*	Sonnabend
nedil'a *(w)*	Sonntag

Schtscho ß'ohodni sa den'?
was heute für Tag
Welcher Tag ist heute?

ß'ohodni wiwtorok.
heute Dienstag
Heute ist Dienstag.

Monate

In der folgenden Tabelle sind neben den Monatsnamen in der zweiten Spalte auch deren Beugungsformen angegeben, wie man sie für die Frage w jakomu mißʼazi? *(in welchem Monat?)* braucht (w „in" verlangt den 6. Fall). Die Antwort darauf kann z. B.: w ßitschni *(im Januar)* lauten. Für die Datumsangabe benötigt man wiederum die Monatsnamen im 2. Fall. Diese stehen in der dritten Spalte.

ßitschenʼ	Januar	**w ßitschni**	**ßitschnʼa**
lʼutyj	Februar	**w lʼutomu**	**lʼutoho**
beresenʼ	März	**w beresni**	**beresnʼa**
kwitenʼ	April	**w kwitni**	**kwitnʼa**
trawenʼ	Mai	**w trawni**	**trawnʼa**
tscherwenʼ	Juni	**w tscherwni**	**tscherwnʼa**
lypenʼ	Juli	**w lypni**	**lypnʼa**
ßerpenʼ	August	**w ßerpni**	**ßerpnʼa**
wereßenʼ	September	**u wereßni**	**wereßnʼa**
showtenʼ	Oktober	**w showtni**	**showtnʼa**
lyßtopad	November	**w lyßtopadi**	**lyßtopada**
hrudenʼ	Dezember	**w hrudni**	**hrudnʼa**

Datum

Jake ßʼohodni tschyßlo?
welche heute Zahl
Welches Datum ist heute?

ßʼohodni dewjate kwitnʼa.
heute neuntes(s) April(2)
Heute ist der 9. April.

Bei der Datumsangabe braucht man die sächliche Ordnungszahl und den im 2. Fall gebeugten Monatsnamen.

Botanischer Garten und Höhlenkloster, Kiew

Kurz-Knigge

Die Ukraine ist in mehrfacher Hinsicht ein Übergangsland zwischen Ost und West. Viele, gerade jüngere Menschen in den Städten sind ausgesprochen westlich und „smart", durchaus konsumorientiert und in deutlich stärkerem Maße als bei uns modebewusst und auf ein attraktives Äußeres bedacht. Daneben gibt es aber auch breite Bevölkerungsschichten, die noch sowjetisch geprägt sind, in prekären wirtschaftlichen Verhältnissen leben und Neuerungen gegenüber oftmals eher misstrauisch sind. In der Politik spiegelt sich diese gesellschaftliche Zerrissenheit in den dramatischen Konflikten zwischen dem proeuropäischen und dem Russland (und auch der russischen Sprache) zugeneigten Lager wider. Dabei neigen Ukrainer aller politischer Richtungen zu einer sentimentalen Emotionalität, die die das Finden von Kompromissen nicht gerade erleichtert, aber auch unvermittelt in eine sarkastische Schicksalsergebenheit gegenüber der „großen Politik" umschwenken kann.

Hier einige praktische Verhaltensregeln:

- Begrüßung: Es ist nicht üblich, sich die Hand zu reichen – deshalb nicht beleidigt sein!
- Unpünktlichkeit: Im östlichen Europa nimmt man es öfter mit der Zeit nicht so genau. Es kann durchaus vorkommen, dass

Behörden, Kassen, Ämter und andere Einrichtungen eine Viertelstunde oder auch mehr verspätet öffnen und die Pausen auch sehr lange ausdehnen. Man sollte sich mit Geduld wappnen. Sollten Sie bemerken, dass die Mitarbeiter sich nur unterhalten und von Ihnen keine Notiz nehmen, machen Sie sich lautstark bemerkbar.

- Diebstahl: Achten Sie vor allem auf Ihre persönlichen Sachen, auf Brieftasche und Ausweispapiere. Tragen Sie Taschen nie einfach über die Schulter gehängt, sondern immer mit dem Arm geschützt am Körper. Sollte es vorkommen, dass Sie bestohlen worden sind, wenden Sie sich sofort an die Polizei.
- Kleidung: Gehen Sie bitte niemals in kurzen Hosen (auch nicht die Herren) oder mit T-Shirts bekleidet in eine Kirche. Sollte es sehr warm sein, sollte man entsprechende Kleidungsstücke zum Überziehen bei sich haben.

Typische Gesten:

- Heben der Augenbrauen: Ausdruck von Verwunderung
- Ausbreiten der Arme nach beiden Seiten: „weiß keine Antwort, kann keine Auskunft erteilen“
- Kopfnicken: Zustimmung
- Kopfschütteln: Nichteinverständnis
- rechte Hand auf die Brust: Ausdruck besonderer Dankbarkeit (gemeinsam mit Dankesfloskeln in Worten)

Anrede

Als höfliche Form der Anrede verwendet man im Ukrainischen **Wy** *(Ihr)*. Beim Verb steht dann die 2. Person Mehrzahl (wie für „ihr", also die Anrede mehrerer Personen).

Da **Wy** gleichzeitig auch die Anrede für mehrere Personen ist, ist die Verwendung dieser Form ziemlich praktisch. „Habt ihr ... ?" bedeutet also auch immer gleichzeitig „Haben Sie ... ?" für eine oder mehrere Personen.

Im Zweifelsfalle sollte man immer die höfliche Anrede verwenden, um nicht als unhöflich missverstanden zu werden.

Kennt man den Familiennamen seines Gesprächspartners, wird besonders in der letzten Zeit wieder die historische und aus der Kosakenzeit stammende Anrede **pani** *(Frau)* und **pane** *(Herr)* verwendet. **Pane** ist dabei der 7. Fall von **pan** *(Herr)*.

pani Petrowa	Frau Petrowa
pane Petrow	Herr Petrow

Wenn man etwas näher bekannt ist, verwendet man aber auch den Vornamen, der dann ebenso im 7. Fall (Anredefall) gebeugt wird:

pani Halyno	Frau Galina
pane Pawle	Herr Pawel

pani	Frau
schanowna pani	Verehrte Dame
pane	Herr
schanownyj pane	Verehrter Herr

Wenn man den Nachnamen überhaupt nicht kennt, sagt man nur Nebenstehendes.

Namen

Die ukrainischen Personennamen bestehen aus drei Teilen: aus dem Vornamen (imja), dem typisch ostslawischen Vatersnamen (po bat'kowi) und dem Familiennamen (priswyschtsche). Der Vatersname war zu Zeiten der Sowjetunion obligatorisch, ist aber auch heute noch weit verbreitet, vor allem in der Ostukraine. Dafür wird an den Vornamen des Vaters bei Frauen zusätzlich die Endung -iwna und bei Männern die Endung -owytsch angefügt:

Iwan **Iwaniwna** *(w)* **Iwanowytsch** *(m)*

Auch der Familienname richtet sich oft nach dem Geschlecht der jeweiligen Person. Bei Frauen endet der Familienname in diesen Fällen auf -a, z. B.:

männlich	**Miroschnykow**	**Pol'akow**
weiblich	**Miroschnykowa**	**Pol'akowa**

Typisch sind aber auch Familiennamen, die sowohl bei Männern als auch bei Frauen auf -o enden und demnach unverändert bleiben, wie z. B. Kowalenko, Schewtschenko, Sabihajlo, Sajtschenko usw.

Männername **Mykola Iwanowytsch Kowalenko**
Frauenname **Tamara Petriwna Schewtschenko**

Begrüßen & Verabschieden

Hier nun einige wichtigen Floskeln zum Thema Begrüßen und Verabschieden:

Begrüßen

Dobroho ranku!
guter(2) Morgen(2)
Guten Morgen!

Dobryj den'!
guter Tag
Guten Tag!

Dobryj wetschir!
guter Abend
Guten Abend!

Sdraßtuj!
Sei gegrüßt!

Sdraßtujte!
Seien Sie gegrüßt! / Seid gegrüßt!

Mit einem Smartphone können Sie sich die mit einem gekennzeichneten Sätze dieses Kapitels anhören. Scannen Sie einfach den QR-Code mit Hilfe einer kostenlosen App (z. B. „Barcoo" oder „Scanlife").

Sich vorstellen

Jak tebe / Waß swut'?
wie dich(4) / euch(4) (sie-)nennen
Wie heißt du / heißen Sie?

Mene swut' Kateryna.
mich(4) (sie-)nennen Katharina
Ich heiße Katharina.

Dushe pryjemno!
sehr angenehm
Sehr angenehm!

Die häufig zu hörende Floskel sdraßtuj(te)! *ist aus dem Russischen entlehnt.*

Dushe ŕadyj s Wamy posnajomytyß'a!
sehr froh mit euch(5) bekanntmachen-sich
Ich freue mich, Ihre Bekanntschaft zu machen.

Ja tesh.
ich auch
Ebenfalls.

Sich verabschieden

Zur Verabschiedung stehen folgende Möglichkeiten zur Auswahl. Am häufigsten kann man hören:

Bei der Verabschiedung für längere Zeit sagt man:

Do pobatschenn'a!	Auf Wiedersehen!
Proschtschawaj!	Leb wohl!
Proschtschawajte!	Lebt wohl! / Leben Sie wohl!

Schtschaßlywoji dorohy!
glücklicher(2) Weg(2)
Glückliche Reise!

Na wße dobre!
auf alles(4) gut(4)
Alles Gute!

Wenn man gehen möchte, umschreibt man das mit:

Meni tschaß / pora!
mir(3) Zeit / Zeitpunkt
Es wird Zeit für mich!

Do sawtra!
bis morgen(2)
Bis morgen!

Na dobranitsch!
auf gut-Nacht(4)
Gute Nacht!

Buwajte!
bleibt(!)
Bis bald!

Floskeln & Redewendungen

Zu Beginn eines Gespräches können folgende Wendungen ganz hilfreich sein, um die ersten Minuten des Bekanntwerdens zu überbrücken:

Mit einem Smartphone können Sie sich die mit einem gekennzeichneten Sätze dieses Kapitels anhören.

Jak ßprawy?
wie Sachen
Wie geht es Ihnen?

Jak sdorowja?
wie Gesundheit(2)
Wie geht es Ihnen?

D'akuju, dobre!
danke gut
Danke, gut!

Schtscho nowoho?
was neu(2)
Was gibt es Neues?

Tschudowo!	Wunderbar!
Normal'no!	Normal!
Wße w por'adku! *alles in Ordnung(6)*	Alles in Ordnung!
Hirsche nikudy! *schlechter nirgendwohin*	Schlechter kann es nicht gehen!

Im weiteren Gesprächsverlauf kann man mit den folgenden Sätzen Anteilnahme und Interesse signalisieren:

Ta schtscho Wy!
und was ihr
Na, so was! /
Was Sie nicht sagen!

Ne moshe buty!
nicht (es-)kann sein
Das kann nicht wahr sein!

Jak shal' / schkoda!
wie schade
Wie schade!

Bitten, Danken & Wünschen

Der Ausdruck bud' laßka lässt sich nicht gut wörtlich übersetzen; er bedeutet ungefähr „sei so liebenswürdig". In der Wort-für-Wort-Zeile weichen wir vom üblichen Prinzip ab und geben den Ausdruck im Deutschen nur mit „bitte" wieder, obwohl er aus zwei Wörtern besteht.

„Bitte" als Aufforderung heißt bud' laßka.

Bitte

Dajte, bud' laßka, z'u hasetu!
gebt(!) bitte diese(4) Zeitung(4)
Geben Sie mir bitte diese Zeitung!

Moshna ... ?
(man-)darf ...
Darf man ... ?

Moshna ws'aty?
(man-)darf nehmen
Darf man sich bedienen?

Moshna sajty?
(man-)darf hereinkommen
Darf man hereinkommen?

Sehr höflich ist die folgende Bitte mit doswol'te:

Doswol'te ßpytaty?
gestattet(!) fragen
Gestatten Sie zu fragen?

Wy moshete meni dopomohty?
ihr könnt mir(3) helfen
Können Sie mir helfen?

Eine Entschuldigung klingt immer höflich, kann aber auch eine Einleitung zu einer Frage oder Bitte sein:

Wybatschte, bud' laßka, de snachodyt'ß'a wychid?
entschuldigt(!) bitte wo (er-)befindet-sich Ausgang
Entschuldigen Sie bitte, wo befindet sich der Ausgang?

Danke

D'akuju!	Danke!	*(ich-)danke*
Schtschyro d'akuju!	Herzlichen Dank!	*breit (ich-)danke*
ßpaßybi!	Danke!	*danke*
Welyke ßpaßybi!	Vielen Dank!	*großes danke*

Bud' laßka!
bitte
Bitte!

Nema sa schtscho!
(es-)nicht-gibt für was
Keine Ursache!

Als Antwort auf solchen Dank hört man Nebenstehendes.

Wünschen

Witaju Waß / tebe s dnem narodshenn'a!
(ich-)gratuliere euch(4) / dir(4) mit Tag(5) Geburt(2)
Ich gratuliere Ihnen / dir zum Geburtstag!

Bashaju Wam / tobi schtschaßt'a, sdorowja, ußpichu!
(ich-)wünsche euch(3) / dir(3) Glück(2) Gesundheit(2) Erfolg(2)
Ich wünsche Ihnen / dir Glück, Gesundheit und Erfolg!

Bashaju Wam / tobi uß'oho najkraschtschoho!
(ich-)wünsche euch(3) / dir(3) alles bestes(2)
Ich wünsche Ihnen / dir alles Gute!

Gute Wünsche bekommt man oft auch bei der Verabschiedung nach einem gemütlichen Abend.

Bashaju schtschaßlywoho Nowoho roku!
(ich-)wünsche glückliches(2) neues(2) Jahr(2)
Ich wünsche ein glückliches neues Jahr!

D'akuju sa Waschi posdorowlenn'a!
(ich-)danke für eure(4) Gratulationen(4)
Vielen Dank für Ihre Gratulation!

Unterwegs

Ob zu Fuß, mit dem Bus, Zug oder dem Auto, hier also Nützliches für unterwegs.

in der Stadt

Jak daleko do ßofijß'koho ßoboru?
wie weit bis Sophien(2) Kathedrale(2)
Wie weit ist es bis zur Sophien-Kathedrale?

Jak (meni) dobratyß'a do awtowoksalu?
wie (mir(3)) hingelangen-sich bis Busbahnhof(2)
Wie komme ich zum Busbahnhof?

wulyz'a *(w)*	Straße	**proßpekt**	Boulevard
prowulok	Gasse	**doroha** *(w)*	Weg
daleko	weit	**nedaleko**	nicht weit
blys'ko	nah	**pr'amo**	geradeaus
praworutsch	rechts	**naprawo**	nach rechts
liworutsch	links	**naliwo**	nach links

Schtscho ze sa wulyz'a?
was das für Straße
Was ist das für eine Straße?

Jak nasywajet'ß'a z'a wulyz'a / zerkwa?
wie (sie-)nennt-sich diese Straße / Kirche
Wie heißt diese Straße / Kirche?

wysnatschni pam'atky *(Mz)*	Sehens-würdigkeiten	**palaz kultury** *Palast Kultur(2)*	Kulturpalast
plan mißta *Plan Stadt(2)*	Stadtplan	**zerkwa** *(w)*	Kirche
park	Park	**ßobor**	Kathedrale
soopark	Zoo	**ikona** *(w)*	Ikone
samok	Schloss	**musej**	Museum
palaz	Palast		

mit städtischen Verkehrsmitteln

метро	**metro** *(s)*	U-Bahn
вхід	**wchid**	Eingang
вихід	**wychid**	Ausgang
автобус	**awtobuß**	Autobus
тролейбус	**trolejbuß**	Trolleybus
трамвай	**tramwaj**	Straßenbahn
таксі	**takßi** *(s)*	Taxi
маршрутне таксі	**marschrutne takßi** *(s)*	Linientaxi
зупинка	**supynka** *(w)*	Haltestelle

Die Metro ist für die Stadt Kiew das Hauptverkehrsmittel, die besonders in den Hauptverkehrszeiten in kurzen Zeitabständen fährt.

Bevor man zu den Rolltreppen geht, muss man durch sogenante „Automaten" – eine Sperre. Diese wird mit einem Jeton entriegelt, den man vorher an der Kasse gekauft hat.

Die Metrostationen sind weithin durch das große „M“ erkennbar. Sie sind von 6 Uhr bis Mitternacht geöffnet. Das Rauchen ist generell verboten.

Neben der Metro gibt es aber auch ein dichtes Netz von Autobus- und Trolleybuslinien. Die Haltestellen mit einem großen „A“ (für awtobuß) und einem großen „T“ (für trolejbuß) befinden sich oft nebeneinander, was das Umsteigen erleichtert.

ßkil'ky koschtuje saras projisd u tramwaji / metro?
wie-viel (sie-)kostet jetzt Fahrt in Straßenbahn(6) / Metro(6)
Wie viel kostet jetzt eine Fahrt mit der Straßenbahn / Metro?

Tschym moshna dojichaty do Chreschtschatyka?
womit(5) (man-)kann hinfahren bis Kreschtschatik(2)
Womit kann man bis zum Kreschtschatik fahren?

Es gibt aber auch Monatskarten, sogenannte projisdnyj na mißaz' *(durchfahrender auf Monat), die man auch an den Kiosken kaufen kann. Sie sind in der Regel preisgünstiger als Einzelfahrscheine, und es entfällt das leidige, aber ansonsten notwendige Entwerten in den vollen Nahverkehrsmitteln.*

Im Autobus, Trolleybus und auch in der Straßenbahn sollte man sich rechtzeitig zum Ausgang begeben. Oft muss man sich den Weg dahin regelrecht bahnen. Es ist üblich, den Vordermann zu fragen, ob er auch aussteigt. Wenn nicht, wird er Ihnen bereitwillig ein wenig Platz machen:

Wy wychodyte na naßtupnij?
ihr aussteigt auf nächste(6)
Steigen Sie an der nächsten Haltestelle aus?

Doswol'te projty na wychid!
gestattet(!) durchgehen auf Ausgang(4)
Gestatten Sie, dass ich zum Ausgang durchgehe?

mit dem Taxi

Wenn man mit dem Taxi fahren möchte, sollte man nur in die als Taxi gekennzeichneten Autos einsteigen. Man erkennt sie an der Aufschrift таксі oder an einem großen „T".

Es gibt Taxistandplätze, jedoch hält man bei Bedarf ein Taxi einfach am Straßenrand an. Halten Sie den Arm waagerecht ausgestreckt und nennen Sie nur die Adresse.

ßkil'ky koschtuje takßi do palazu Ukrajina?
wie-viel (es-)kostet Taxi bis Palast(2) Ukraina(2)
Wie viel kostet das Taxi bis zum Ukraina-Palast?

Bud' laßka, supynit'ß'a!
bitte anhaltet(!)-sich
Bitte, halten Sie an!

mit der Eisenbahn

Die Eisenbahn ist das wichtigste Verkehrsmittel, um die großen Entfernungen zu überwinden. Deshalb ist man mit dem Zug meistens mehrere Stunden unterwegs, oft auch über Nacht. Entsprechend sind die Züge ausgestattet. Sie haben Schlafwagenabteile, die vier Betten haben und geschlossen (mit Tür) oder auch offen sein können.

In jedem Waggon gibt es einen Schaffner (prowidnyk), der die Fahrkarten kontrolliert, die Bettwäsche (dazu gehört immer auch ein Handtuch) ausgibt, Tee kocht und, sofern vorhanden, das „Bordradio" bedient.

Zu einer Fahrkarte für eine bestimmte Strecke muss man außerdem eine Platzkarte für einen ganz bestimmten Zug kaufen. Ohne solch eine Platzkarte wird man vom Schaffner nicht in den Waggon gelassen.

salisnyz'a *(w)*	Eisenbahn
pojisd / potjah	Zug

ohne Abteiltüren zum Schließen

schwydkyj pojisd	Schnellzug
kwytok	Fahrkarte
plazkartnyj kwytok	Fahrkarte für Platzkartenwagen
kupejnyj kwytok	Fahrkarte für Kupee
ßpal'nyj wahon	Schlafwagen

Wichtige Aufschriften:

вокзал	**woksal**	Bahnhof
каса	**kaßa**	Kasse
багаж	**bahash**	Gepäck
вагон-ресторан	**wahon-reßtoran**	Speisewagen
платформа	**platforma**	Bahnsteig
камера схову	**kamera ßchowu** *(w)*	Gepäckaufbewahrung
довідкове бюро	**dowidkowe b'uro** *(s)*	Auskunftsbüro
довідка	**dowidka** *(w)*	Auskunftsbüro
розклад руху поїздів	**rosklad ruchu pojisdiw**	Fahrplan

Die Züge tragen jeweils als Namen ihre Strecke, z. B.:

Auf dem Bahnhof und den Bahnsteigen gibt es zahlreiche Gepäckträger (noßyl'nyky) *mit großen Gepäckkarren. Sie sind sehr hilfsbereit beim Transport des Gepäcks, verlangen aber unterschiedlich hohe Preise pro Gepäckstück.*

Москва – Київ	Moskau – Kiew
Moßkwa – Kyjiw	

De ßtojit' pojisd „Kyjiw – Moskwa"?
wo (er-)steht Zug „Kiew – Moskau"
Wo steht der Zug „Kiew – Moskau"?

Pojisd nomer deß'at' sapisn'ujet'ß'a.
Zug Nummer zehn (er-)verspätet-sich
Der Zug Nr. 10 hat Verspätung.

Ze pr'amyj pojisd, tschy je pereßadka?
das gerader Zug oder-ob ist Umstieg
Ist das der direkte Zug, oder muss man umsteigen?

ßkil'ky hodyn jide pojisd do Odeßy?
wie-viel Stunden(2) (er-)fährt Zug bis Odessa(2)
Wie viele Stunden fährt der Zug bis nach Odessa?

Den Schaffner kann man auch um Tee bitten.

De prowidnyk?
wo Schaffner
Wo ist der Schaffner?

Moshna tschaju?
(man-)darf Tee(2)
Kann man Tee bekommen?

Tschaj bude?
Tee (es-)wird
Wird es Tee geben?

Ja chotschu pidn'aty polyz'u.
ich will hochheben Liege(4)
Ich will die Liege hochheben.

In jedem Abteil gibt es vier Liegen, zwei unten und zwei oben.

Moshna pomin'atyß'a mißz'amy?
(man-)kann tauschen Plätze(5)
Können wir die Plätze tauschen?

Moshna widkrywaty / sakrywaty wikno / dweri?
(man-)kann öffnen / schließen Fenster(4) / Tür(4)
Kann man das Fenster / die Tür öffnen / schließen?

Moshna pomin'aty bilysnu?
(man-)kann tauschen Bettwäsche(4)
Kann ich andere Bettwäsche bekommen?

Meni cholodno.
mir(3) kalt
Mir ist kalt.

Moshna schtsche odnu kowdru?
(man-)darf noch eine(4) Decke(4)
Kann ich noch eine Decke bekommen?

mit dem Vorortzug

Die Vorortzüge fahren Entfernungen, die einer Fahrtzeit von mehreren Stunden enstsprechen, und sind daher nicht mit unseren S-Bahnen zu vergleichen. In ihnen gibt es übrigens keine Toiletten.

приміські поїзди **prymiß'ki pojisdy**	Vorortzüge

Der Vorortzug, der die vielen um große Städte herum gelagerten Dörfer mit dem Zentrum verbindet, heißt umgangssprachlich elektrytschka *(die Elektrische)*.

ßkil'ky schtsche supynok do ... ?
wie-viel noch Haltestellen(2) bis ... (2)
Wie viele Haltestellen sind es noch bis ... ?

ßkashit', bud' laßka, koly meni wychodyty?
sagt(!) bitte wann mir(3) aussteigen
Sagen Sie bitte, wann muss ich aussteigen?

mit dem Flugzeug

Kiew, die Hauptstadt der Ukraine, hat zwei Passagierflughäfen, die außerhalb der Stadt liegen.

Бориспіль	**Boryßpil'**	Borispol
Жуляни	**Shul'any**	Shuljany

Borispol ist der internationale Flughafen von Kiew und befindet sich ca. 30 Kilometer vom Stadtzentrum entfernt. Man kann ihn mit Zubringerbussen oder mit dem Taxi erreichen. Das empfiehlt sich vor allem für Ausländer, da die Busse oft überfüllt sind. Shuljany ist ein Inlandsflughafen.

Jak meni dobratyß'a do aeroportu?
wie mir(3) hingelangen-sich bis Flugplatz(2)
Wie komme ich zum Flugplatz?

Während man auf den Beginn der Abfertigung wartet, kann man folgendes hören:

Potschynajet'ß'a poßadka / rejeßtrazija paßashyriw ...
(sie-)beginnt-sich Abfertigung / Registrierung Passagiere(2) ...
Es beginnt die Abfertigung / Registrierung der Passagiere ...

... na litak ... , rejßom ... , Kyjiw – Berlin.
... auf Flugzeug(4) ... Flug(5) ... Kiew – Berlin
... für die Maschine ... , Flug ... , Kiew – Berlin.

rejß	(Linien-)Flug
litak	Flugzeug
ßt'uardeßa *(w)*	Stewardess

Tut moshna palyty?
hier (man-)darf rauchen
Darf man hier rauchen?

Moshna ßkl'anku wody?
(man-)darf Glas(4) Wasser(2)
Kann man ein Glas Wasser bekommen?

mit dem Auto

In der Ukraine ist die Versorgung mit Kraftstoffen mittlerweile unproblematisch geworden.

бензин	**bensyn**	Benzin
бензоколонка	**bensokolonka** *(w)*	Tanksäule
повітря	**powitr'a** *(s)*	Luft
масло	**maßlo** *(s)*	Öl

Die Benzinsorten (Super, Normal) werden in der Regel durch ihre Oktanzahl gekennzeichnet.

Die Polizei der Ukraine ist im Jahr 2015 offiziell umbenannt worden und heißt nun polizija *anstelle von* milizija *(Miliz). Der Polizist ist demnach auch kein* milizioner *mehr. Es wird aber wohl noch einige Zeit dauern, bis diese alten, mit der Sowjetzeit assoziierten Begriffe aus der Alltagssprache verschwunden sind, daher sollten Sie sie kennen.*

De platna ßtojanka?
wo bezahlter Parkplatz
Wo ist ein bewachter Parkplatz?

De saprawka awtomobiliw?
wo Tankstelle Autos(2)
Wo ist eine Autotankstelle?

ßkil'ky kilometriw do Kyjewa?
wie-viel Kilometer(2) bis Kiew(2)
Wie viele Kilometer sind es bis Kiew?

saprawka *(w)*	Tankstelle
dyßtyl'owana woda *(w)*	destilliertes Wasser
remont	Reparatur
terminowyj remont	Schnellreparatur
awarija *(w)*	Unfall
polizija *(w)*	Polizei
polizejß'kyj	Polizist
ßtojanka *(w)*	Parkplatz
parkuwatyß'a	parken
doroha *(w)*	Weg, Landstraße

awtoßtrada *(w)*	Autobahn
kilometr *(m)* / **kilometry** *(Mz)*	Kilometer
awtomajßtern'a *(w)*	Autowerkstatt

Moja maschyna slamalaß'a.
mein Auto kaputtging(w)-sich
Das Auto hat eine Panne.

ßkil'ky koschtuje remont?
wie-viel (sie-)kostet Reparatur
Wie viel kostet die Reparatur?

Jak dowho bude trywaty remont?
wie lange (sie-)wird dauern Reparatur
Wie lange wird die Reparatur dauern?

Dopomoshit' saminyty koleßo / nakatschaty schynu!
helft(!) wechseln Rad(4) / aufpumpen Reifen(4)
Helfen Sie mir, ein Rad zu wechseln / den Reifen aufzupumpen!

Für die Verkehrspolizei gibt es bislang noch eine besondere Bezeichnung, und man sieht dementsprechend oft Blaulichtfahrzeuge mit folgender Aufschrift:

ДАІ	**Dershawna Awtoinßpekzija** Staatliche Autoinspektion

Sollte man von diesen Wagen angehalten werden, empfiehlt es sich, allen Anweisungen zu folgen und alle Fragen kurz und knapp zu beantworten. Man erspart sich zusätzlichen Ärger.

Auf dem Land

Das richtige Dorfmilieu lernt man jedoch nur dann kennen, wenn man von Freunden oder Bekannten in ein Dorf eingeladen wird.

Einen ersten Eindruck vom Leben auf dem Lande kann man beim Besuch des Ethnographischen Museums unweit von Kiew erhalten.

ßelo *(s)*	Dorf	**ßad**	Garten
chata *(w)*	Dorfhaus	**horod**	Gemüsegarten

Sachod'te do chaty!
vorbeikommt(!) zu Dorfhaus(2)
Kommen Sie ins Haus herein!

War der Fang erfolgreich (und das ist er meistens), wird an Ort und Stelle ein Lagerfeuer gemacht, auf dem die Fische gebraten werden, oder es wird die typische ukrainische Fischsuppe juschka s ryby *gekocht. Sie besteht aus frisch gefangenem Fisch, Kartoffeln, Graupen und Zwiebeln. Guten Appetit!*

Besonders romantisch ist es in der Ukraine, zum Angeln zu fahren: Es geht ganz früh am Morgen los, wenn es noch dunkel ist. Mit genügend Proviant ausgestattet – und vor allem mit einer Flasche selbstgebrannten Schnapses (horilka = *der Brennende*) zum Aufwärmen –, fährt man mit einem Boot auf einen der zahlreichen, traumhaften Seen und angelt dort.

ity na rybalku
gehen auf Fischen(4)
zum Fischfang gehen

Saproschuju Waß na rybalku!
(ich-)einlade euch(4) auf Fischen(4)
Ich lade Sie zum Fischfang ein!

Übernachten

Die Etagenzählung beginnt in der Ukraine mit dem Erdgeschoss, so dass das Erdgeschoss perschyj powerch *(erste Etage)* und die erste Etage druhyj powerch *(zweite Etage)* heißt.

Neben der Rezeption im Erdgeschoss gibt es in älteren Großhotels auf jeder Etage eine Etagenbedienstete (tscherhowa), die für kleine Serviceleistungen zuständig ist (z. B. Schlüsselausgabe, Telefonvermittlung, Taxiruf).

готель	**hotel'**	Hotel
поверх	**powerch**	Etage
адміністрація	**adminißtrazija** *(w)*	Administration
багаж	**bahash**	Gepäck
ключ	**kl'utsch**	Schlüssel
ванна	**wanna** *(w)*	Badezimmer
телефон	**telefon**	Telefon
холодильник	**cholodyl'nyk**	Kühlschrank
телевізор	**telewisor**	Fernseher
ліжко	**lishko** *(s)*	Bett
ковдра	**kowdra** *(w)*	Decke
світло	**ßwitlo** *(s)*	Licht

Ja samowyw / samowyla nomer.
ich bestellte(m/w) Zimmer(4)
Ich habe ein Zimmer bestellt.

ßkil'ky koschtuje nomer?
wie-viel (es-)kostet Zimmer
Wie viel kostet das Zimmer?

Übernachten

Ja chotschu odnomißnyj / dwomißnyj nomer.
ich will einplatziges(4) / zweiplatziges(4) Zimmer(4)
Ich möchte ein Ein- / Zweibettzimmer.

W nomeri je wanna / telefon?
in Zimmer(6) ist Bad / Telefon
Gibt es im Zimmer ein Bad / Telefon?

Koly oplatschuwaty?
wann bezahlen
Wann ist zu bezahlen?

Mit einem Smartphone können Sie sich die mit einem gekennzeichneten Sätze dieses Kapitels anhören.

Zej nomer meni (ne) pidchodyt'.
dieses Zimmer mir(3) (nicht) (es-)zusagt
Dieses Zimmer sagt mir (nicht) zu.

Ja chotschu supynytyß'a na den' / dwa dni / pjat' dniw.
ich will bleiben-sich für Tag(4) / zwei Tage(4) / fünf Tage(2)
Ich möchte für einen Tag / zwei Tage / fünf Tage bleiben.

Ja potrebuju (schtsche) ruschnyk / teplu kowdru / poduschku.
ich brauche (noch) Handtuch(4) / warme(4) Decke(4) / Kissen(4)
Ich brauche (noch) ein Handtuch / eine warme Decke / ein Kissen.

W nomeri ne praz'uje telefon / dusch / kran / lampa.
in Zimmer(6) nicht (es-)arbeitet Telefon / Dusche / Wasserhahn / Lampe
Das Telefon / die Dusche / das Wasser / das Licht funktioniert nicht.

Ja ß'ohodni / sawtra widjishaju.
ich heute / morgen (ich-)abfahre
Ich fahre heute / morgen ab.

Dajte, bud' laßka, mij rachunok!
gebt(!) bitte meine(4) Rechnung(4)
Geben Sie mir bitte meine Rechnung!

Pryschlit', bud' laßka, noßyl'nyka!
schickt(!) bitte Gepäckträger(4)
Rufen Sie bitte einen Gepäckträger!

Wenn man sich in einer Stadt nach weiteren Übernachtungsmöglichkeiten erkundigen möchte, ist das Auskunftsbüro (dowidkowe bjuro довідкове бюро) gern dienstbereit.

motel'	Motel	мотель
kemping	Camping(platz)	кемпінґ
ßtojanka awtomobil'a	Parkplatz	стоянка
pytna woda *(w)*	Trinkwasser	
ßpal'nyj furhon	Wohnwagen	
palatka *(w)*, **namet**	Zelt	
ßpal'nyj mischok	Schlafsack	
kuchn'a *(w)*	Küche, Kochgelegenheit	

De moshna poßtawyty ßpal'nyj furhon / palatku / namet?
wo (man-)darf aufstellen Wohnwagen(4) / Zelt(4) / Zelt(4)
Wo kann man den Wohnwagen / das Zelt aufstellen?

Essen & Trinken

Jetzt folgen einige nützliche Grundbegriffe rund ums Essen und Trinken.

Mit einem Smartphone können Sie sich die mit einem 👂 gekennzeichneten Sätze dieses Kapitels anhören.

ßnidanok	Frühstück
obid	Mittagessen
wetscher'a *(w)*	Abendessen

nish	Messer
loshka *(w)*	Löffel
wydelka *(w)*	Gabel
tarilka *(w)*	Teller
tschaschka *(w)*	Tasse
ßkl'anka *(w)*	Glas

меню	**men'u** *(s)*	Speisekarte
закуски	**sakußky**	Vorspeisen
гарячі страви	**har'atschi ßtrawy**	warme Speisen
холодні страви	**cholodni ßtrawy**	kalte Speisen
десерт	**deßert**	Dessert
алкогольні напоі	**alkohol'ni napoji**	Alkoholika

St.-Michaels-Kloster, Kiew

Nationalgerichte

Traditionelle Speisen, die man zu Mittag, aber auch zu Abend im Restaurant bestellen kann:

борщ	**borschtsch**	Gemüsesuppe mit Kohl, roten Rüben, Tomatenketchup u. a.
вареники	**warenyky** *(Mz)*	Teigtaschen, unterschiedl. gefüllt
	... s ßyrom	... mit Quark
	... s wyschn'amy	... mit Kirschen
	... s kartopleju	... mit Kartoffeln
	... s hrybamy	... mit Pilzen
галушки	**haluschky** *(Mz)*	Suppe mit kleinen Teigwürfeln
голубці	**holubzi** *(Mz)*	Gehacktes mit Reis in Kohlblättern
холодець	**cholodez'**	Kaltspeise, ähnlich wie Sülze, aus Geflügel- oder Schweinefleisch
млинці	**mlynzi** *(Mz)*	Eierkuchen mit Fleisch oder Quark gefüllt (russisch: блины bliny)
котлети по-київськи	**kotlety** *(Mz)* **po-kyjiwß'ky**	Bulette nach Kiewer Art, aus Geflügelfleisch zubereitet

Getränke		
tschaschka kawy *(w)*	*Tasse Kaffee(2)*	Tasse Kaffee
tschaschka tschaju *(w)*	*Tasse Tee(2)*	Tasse Tee
ßkl'anka horilky *(w)*	*Glas Schnaps(2)*	ein Glas Schnaps
pl'aschka wodky	*Flasche Wodka(2)*	eine Flasche Wodka
вода – води	**woda** *(w)* – **wody** *(Mz)*	Wasser – Wässer
мінеральна вода	**mineral'na woda** *(w)*	Mineralwasser
сироп	**ßyrop**	Fruchtsirup
кофе	**kofe** *(s)*	Kaffee *(als Produkt)*
кава	**kawa** *(w)*	Kaffee *(als Getränk)*

чай	**tschaj**	Tee
сік – соки	**ßik – ßoky** *(Mz)*	Saft – Säfte *(Mz)*
пиво	**pywo** *(s)*	Bier
вино	**wyno** *(s)*	Wein
біле вино	**bile wyno** *(s)*	Weißwein
червоне вино	**tscherwone wyno** *(s)*	Rotwein
шампаньске	**schampanß'ke** *(s)*	Sekt
горілка	**horilka** *(w)*	Schnaps *(ukrain.)*
водка	**wodka** *(w)*	Wodka *(russ.)*

im Restaurant

ресторан	**reßtoran**	Restaurant

Das bedeutet allerdings auch, dass die einzelnen Gänge sehr lange dauern.

Am Eingang von Restaurants befindet sich ein Einlassdienst, der die Plätze zuweist. Geht man abends zum Essen, spielt meist eine Kapelle.

Hat man nicht so viel Zeit, kann man in Restaurants gehen, wo es ein fertiges Menü (комплексний обід – komplekßnyj obid) gibt. Man kann zwar selber nicht mehr auswählen, aber der Vorteil ist, dass es wesentlich schneller geht, billiger ist und trotzdem schmeckt.

Tut wil'no?
hier frei
Ist hier frei?

Tak, bud' laßka!
ja bitte
Ja, bitte!

My chotschemo poobidaty / powetscher'aty.
wir wollen mittagessen / abendessen
Wir wollen zu Mittag essen / zu Abend essen.

Pryneßit', bud' laßka, men'u.
bringt(!) bitte Speisekarte(4)
Bringen Sie bitte die Speisekarte.

Schtscho Wy moshete nam saproponuwaty?
was ihr könnt uns(3) vorschlagen
Was können Sie uns empfehlen?

Dobre, wis'memo! **ßmatschnoho Wam!**
gut (wir-)nehmen *schmackhaftes(2) euch(3)*
Gut, das nehmen wir! Guten Appetit!

Pryneßit', bud' laßka, dwi tschaschky kawy, dwa tißtetschka.
bringt(!) bitte zwei Tassen(4) Kaffee(2), zwei Kleingebäcke(4)
Bringen Sie bitte zwei Tassen Kaffee und zwei Stück Kleingebäck.

Bulo dushe ßmatschno.
war(s) sehr schmackhaft
Es war sehr schmackhaft!

ßkil'ky s mene?
wie-viel von mich(2)
Wie viel muss ich bezahlen?

Trinkgeld (tschajowi) ist in der Ukraine früher offiziell unerwünscht gewesen. Jedoch nahmen Taxifahrer, Kellner usw. schon immer gern ein Trinkgeld an, und das gilt heutzutage erst recht. Aber Diskretion beim Überreichen ist nach wie vor empfehlenswert.

Es gibt in der Ukraine ein Problem mit Korruption im Umgang mit Staatsbediensteten und im Geschäftsleben. Den Ukrainern ist dies schmerzlich bewusst. Daher gelten Zusatzzahlungen aller Art als tendenziell anrüchig.

Einkaufen

Das Einkaufen ist – entgegen dem Klischee aus der Sowjet- und Übergangszeit – völlig unproblematisch. Güter des täglichen Bedarfs kauft man in Lebensmittelgeschäften und auf den Märkten. Ukrainische Waren sind preiswerter als importierte, die in der Regel deutlich teurer sind als in der EU. In den großen Städten findet man neben riesigen neuen Hypermärkten auch bekannte westliche Supermarkt- und Fastfood-Ketten.

Bezahlt wird in den Geschäften und Märkten mit der ukrainischen Währung Hrywn'a. Euro oder US-Dollar werden dort nur selten angenommen.

Es empfiehlt sich die Mitnahme einer gewissen Menge von Euro in bar (auch in kleinen Scheinen), die in zahlreichen Wechselstuben und Banken gewechselt werden können.

магазин	**mahasyn**	Geschäft
продовольчий магазин, гастроном	**prodowol'tschyj mahasyn, haßtronom**	Lebensmittelladen
булочна / хліб	**bulotschna** *(w)* / **chlib**	Bäckerei / *(Ladenschildaufschrift)*
кондитерська	**kondyterß'ka** *(w)*	Konditorei
універмаг	**uniwermah**	Kaufhaus
тютюн	**t'ut'un**	Tabakwaren
газети	**hasety** *(Mz)*	Zeitungen
журнали	**shurnaly** *(Mz)*	Zeitschriften

Euro-Münzen werden nicht akzeptiert. Es besteht aber auch die Möglichkeit an den mittlerweile zahlreichen Geldautomaten das notwendige Bargeld zu beschaffen. Man benötigt dafür eine Maestro-Karte mit der PIN.

Kreditkarten für das bargeldlose Zahlen werden noch relativ selten akzeptiert, können aber für die (relativ teure) Bargeldabhebung eingesetzt werden (Mastercard oder Visa).

Travellerschecks sind kaum eintauschbar.

Einkaufsliste

Der Gegenstand, den man kaufen möchte, steht im 4. Fall, deshalb wird bei den weiblichen Hauptwörtern ein -u angehängt (in der Tabelle in Klammern angegeben).

Bei allen anderen Hauptwörtern aus der Liste sind der 4. und 1. Fall identisch.

Ja chotschu kupyty ... Ich möchte ... kaufen.
ich will kaufen ...

chlib	Brot	**kefir**	Kefir
bulotschky *(Mz)*	Brötchen	**moloko** *(s)*	Milch
maßlo *(s)*	Butter	**frukty** *(Mz)*	Obst
jajz'a *(Mz)*	Eier	**perez'**	Pfeffer
morosywo *(s)*	Eis	**ryß**	Reis
ryba (-u) *(w)*	Fisch	**ßmetana (-u)** *(w)*	Sahne
mjaßo *(s)*	Fleisch	**hirtschyz'a (-u)** *(w)*	Senf
petschywo *(s)*	Gebäck	**tort**	Torte
owotschi *(Mz)*	Gemüse	**kowbaßa (-u)** *(w)*	Wurst
kurka (-u) *(w)*	Hähnchen	**zukor**	Zucker
ßyr	Käse, Quark		

Will man eine bestimmte Menge von etwas kaufen, steht das Hauptwort nach der Mengenangabe im 2. Fall:

Ja chotschu kupyty ...	Ich will ... kaufen.
... ßo hram ßyru.	100 Gramm Käse / Quark
... dwißti hram kowbaßy.	200 Gramm Wurst
... kilohram mjaßa.	1 Kilogramm Fleisch
... piwkilo ryby.	ein halbes Kilo Fisch

Zu Gast sein

Die slawische Gastfreundschaft ist sprichwörtlich, und so ist es auch in der Ukraine. Trotz z. T. schwieriger äußerer Bedingungen sind Gäste immer gern gesehen. Man wird oft nach einer kurzen Bekanntschaft oder einem ersten interessanten Gespräch eingeladen. Dabei wird oft kein bestimmter Tag und auch keine bestimmte Uhrzeit für den Besuch genannt. Die Ukrainer sagen einfach:

Sachod'te do naß!
kommt(!) zu uns(2)
Kommen Sie doch einmal bei uns vorbei!

Sachod'te!
kommt(!)
Kommen Sie vorbei!

Nascha adreßa …
unsere Adresse …
Unsere Adresse ist …

D'akuju, obowjaskowo pryjdu!
danke unbedingt (ich-)komme
Danke, ich komme bestimmt!

Offizieller sind folgende Einladungen:

Saproschuju Waß w hoßti!
(ich-)bitte euch(4) zu Gast(6)
Ich lade Sie ein!

Prychod'te do naß w hoßti!
kommt(!) zu uns(2) zu Gast(6)
Kommen Sie zu uns als Gast!

Na shal', ja ne smoshu.
auf Bedauern ich nicht (ich-)kann
Tut mir Leid, aber ich kann nicht.

Na ß'ohodni / sawtra / zej den' ja wshe domowywß'a / domowylaß'a.
für heute / morgen / diesen(4) Tag(4) ich schon verabredete-sich(m/w)
Für heute / morgen / diesen Tag bin ich schon verabredet.

Als Gastgeschenk kann man einen Blumenstrauß, eine Flasche Wein oder auch eine Torte mitbringen. Da gutes Obst für viele Ukrainer oft kaum bezahlbar ist, freuen sich Fami-

Sollten Sie wirklich keine Zeit haben, die Einladung anzunehmen, muss man mit der Ablehnung sehr behutsam sein. Die Ukrainer sind nämlich stolz darauf, Gäste zu empfangen. Eine Ablehnung könnte daher als Beleidigung aufgefasst werden.

Besonders beliebt sind außerdem Kaffee, Tee, Kakao, Kosmetikartikel, Süßigkeiten, Zigaretten, aber auch Strumpfhosen oder Erzeugnisse aus Baumwolle und anderen Naturfasern. Geld (d. h. Devisen) sollte man nur in Ausnahmefällen schenken, da man die angemessene Höhe nur schlecht einschätzen kann.

lien mit Kindern sehr, wenn man statt Blumen einfach verschiedene Früchte mitbringt.

Der Gastgeber fordert zum Eintreten auf:

Prochod'te, ßidajte!
durchgeht(!) hinsetzt(!)
Gehen Sie weiter, nehmen Sie Platz!

Bud'te jak wdoma!
fühlt(!) wie zu-Hause
Fühlen Sie sich wie zu Hause!

U Waß harna kwartyra!
bei Euch(2) schöne Wohnung
Sie haben eine schöne Wohnung!

Die Hausfrau fordert bei Tisch auf, sich zu bedienen:

Pryhoschtschajteß'a!
bedient(!)-sich
Bedienen Sie sich!

Pokuschtujte!
kostet(!)
Probieren Sie!

Oft werden Fotoalben angeschaut. Vielleicht hat man selbst einige persönliche Fotos und will seine Familie vorstellen:

Ze moja ßimja ... *das meine Familie ...*	Das ist meine Familie ...
moja drushyna	meine Frau
mij tscholowik	mein Mann
moja dotschka	meine Tochter
mij ßyn	mein Sohn

Ja odrushenyj / odrushena.
ich verheiratet(m/w)
Ich bin verheiratet.

Ja choloßtyj.
ich Junggeselle
Ich bin Junggeselle. *(nur Männer)*

Chto Wy / ty sa fachom?
wer ihr / du hinter Fach(5)
Was sind Sie / bist du von Beruf?

Ja inshener.
ich Ingenieur
Ich bin Ingenieur.

ßlushbowez' *(m+w)*	Angestellter
robitnyk / robitnyz'a *(w)*	Arbeiter / -in
besrobitnij / besrobitn'a *(w)*	arbeitslos
likar / likarka *(w)*	Arzt / Ärztin
pekar / pekarka	Bäcker / -in
perukar / perukarka *(w)*	Friseur / -in
medytschna ßeßtra (medßeßtra) *(w)*	Krankenschwester
wtschytel' / wtschytel'ka *(w)*	Lehrer / -in
menedsher *(m+w)*	Manager / -in
mechanik	Mechaniker
penßioner / penßionerka *(w)*	Rentner / -in
ßekretarka *(w)*	Sekretärin
ßtudent / ßtudentka *(w)*	Student / -in
ßtol'ar	Tischler
pidpryjemez' *(m+w)*	Unternehmer / -in

Swidkil'a Wy pryjichaly?
woher ihr gefahren-kamt
Woher kommen Sie?

Swidkil'a ty pryjichaw / pryjichala?
woher du gefahren-kamst(m/w)
Woher kommst du?

Ein Glas Wodka wird in Verbindung mit einem Trinkspruch noch vor dem Essen, sozusagen als Aperitif, getrunken. Dieses Glas muss auf einen Zug ausgetrunken werden. Das verlangt die Tischsitte. Mit weiteren Gläsern dieses Getränks sollte man vorsichtig sein. Man sollte auf jeden Fall immer sofort Mineralwasser nachtrinken und Schwarzbrot essen. Das mildert die Wirkung. Scheuen Sie sich nicht, ein weiteres Glas abzulehnen. Die folgende Entschuldigung wird akzeptiert:

Ja pryjichaw / pryjichala s Nimetschtschyny / Awßtriji / Schwejzariji.
ich gefahren-kam(m/w) aus Deutschland(2) / Österreich(2) / Schweiz(2)
Ich bin aus Deutschland / Österreich / der Schweiz.

Ja nimken'a / schwejzarka / awßtrijka.
ich Deutsche / Schweizerin / Österreicherin
Ich bin Deutsche / Schweizerin / Österreicherin.

Ja nimez' / schwejzarez' / awßtrijez'.
ich Deutscher / Schweizer / Österreicher
Ich bin Deutscher / Schweizer / Österreicher.

Zu einer Feier oder Einladung gehört immer eine Flasche Wodka oder Selbstgebrannter.

Wybatschajte, bil'sch ne moshu!
entschuldigt(!) mehr nicht (ich-)kann
Entschuldigen Sie bitte, ich kann nicht mehr.

U mene ßerze / petschinka!
bei mich(2) Herz / Leber
Ich bin herzkrank / leberkrank.

Fotografieren

Nicht überall darf man fotografieren. Das betrifft besonders das Innere von Kirchen, Kathedralen und verschiedenen Museen. Im Zweifelsfalle sollte man immer vorher fragen, um keine Unannehmlichkeiten zu bekommen.

Tut moshna fotografuwaty?
hier (man-)darf fotografieren
Darf man hier fotografieren?

U Waß je taka fotopliwka?
bei euch(2) ist so-ein Film
Haben Sie so einen Film?

zyfrowyj fotoaparat
Digitalkamera

karta pamjati
Speicherkarte

ßpalach
Blitzlicht

objektiv
Objektiv

projawyty
entwickeln (Film)

Behörden

Die Begegnung mit Behörden gehört nicht zu den angenehmsten Dingen auf einer Reise. Trotzdem sollte man sich bereits an der Grenze (entweder auf dem Flughafen oder auf dem Grenzbahnhof z. B. in Brest oder in Tschop) auf eine entsprechende Kontrolle einstellen. Die ukrainischen Behörden nehmen ihre Aufgabe besonders ernst und dokumentieren damit auch nach außen ihre staatliche Unabhängigkeit.

Behörden

Grenz- & Zollkontrolle

Sie ersparen sich so eine Menge Ärger und Missverständnisse.

Reagieren Sie möglichst kurz auf die Anweisungen und Fragen der Zöllner, und zeigen Sie bei Aufforderung auch Ihr Gepäck.

паспортний контроль	**paßportnyj kontrol'**	Passkontrolle
митниця	**mytnyz'a** *(w)*	Zollkontrolle
декларація	**deklarazija** *(w)*	Zollerklärung

Mit einem Smartphone können Sie sich die mit einem gekennzeichneten Sätze dieses Kapitels anhören.

Ja hromad'anyn / hromad'anka FRN.
ich Bürger / Bürgerin BRD (gesprochen: „ef-er-en“)
Ich bin Bürger / Bürgerin Deutschlands.

Ja jidu do Kyjewa / Dnipropetrowß'ka.
ich fahre bis Kiew(2) / Dnepropetrowsk(2)
Ich fahre nach Kiew / Dnepropetrowsk.

Ja turyßt / turyßtka.
ich Tourist(m/w)
Ich bin Tourist / Touristin.

U mene dilowa pojisdka.
bei mir(2) sachliche Reise
Ich mache eine Dienstreise.

Ja jidu na saproschenn'a.
ich fahre auf Einladung(4)
Ich fahre auf Einladung.

Dopomoshit' sapownyty deklaraziju!
helft(!) ausfüllen Zollerklärung(4)
Helfen Sie mir, die Zollerklärung auszufüllen!

In der Zollerklärung ist neben den Spalten für Name, Vorname, Herkunftsland und Zielland auch eine Spalte für Dinge, die man einführt, auszufüllen. Unproblematisch sind folgende Angaben:

подарунки	**podarunky** *(Mz)*	Geschenke
особисті речі	**oßobyßti retschi** *(Mz)*	persönliche Dinge
сигарети	**ßyharety** *(Mz)*	Zigaretten

Widkryjte tschemodan / ßumku!
aufmacht(!) Koffer(4) / Tasche(4)
Machen Sie den Koffer / die Tasche auf!

Schtscho Wy wesete?
was ihr mitführt
Was führen Sie mit sich?

Ja proteßtuju!
ich protestiere
Ich protestiere!

Ja chotschu sw'asatyß'a s poßol'ßtwom FRN.
ich will verbinden-sich mit Botschaft(5) BRD
Ich will mich mit der deutschen Botschaft in Verbindung setzen.

Sollten Probleme komplizierterer Art auftreten, die man nicht allein klären kann, ist immer die jeweilige Botschaft (посольство – poßol'ßtwo) *zuständig.*

Polizei

De tut polizija?
wo hier Polizei
Wo ist hier die Polizei?

Auf sein Bargeld, insbesondere auf Devisen, sollte man sehr genau achten.

Ja sahubyw / sahubyla paßport.
ich verlor(m/w) Pass(4)
Ich habe meinen Pass verloren.

U mene ukraly paßport / wal'utu / maschynu.
bei mich(2)(sie-)stahlen Pass(4) / Devisen(4) / Auto(4)
Mir wurde(n) der Pass / Devisen / das Auto gestohlen.

Anzeige erstattet man bei der Polizei (bis 2015 offiziell „Miliz“), auch wenn die Chance, die verlorenen Sachen wiederzubekommen, gering ist.

Na mene napaly.
auf mich(4) (sie-)fielen
Ich wurde überfallen.

Meni treba wisu w Moßkwu / ßankt-Peterburg.
mir(3) (es-)braucht Visum(4) nach Moskau(4) / Sankt-Petersburg(4)
Ich brauche ein Visum nach Moskau / Sankt Petersburg.

Ja chotschu salyschytyß'a u Kyjewi schtsche na odyn miß'az'.
ich will bleiben-sich in Kiew(6) noch auf einen(4) Monat(4)
Ich möchte noch einen Monat in Kiew bleiben.

Ze moshlywo?
das möglich
Ist das möglich?

Ja chotschu pojichaty do Wil'n'ußa.
ich will fahren bis Vilnius(2)
Ich möchte nach Vilnius fahren.

Bank & Geld

Die ukrainische Währung hrywn'a wurde erst 1996, mehrere Jahre nach der Unabhängigkeitserklärung der Ukraine, eingeführt. Dieser Schritt beendete eine lange Phase des wirtschaftlichen Chaos und der Lebensmittelrationierung. Die hrywn'a ist konvertierbar.

Geld sollte man ausschließlich auf der Bank, in den großen Hotels oder den zahlreichen privaten Wechselstuben tauschen. Ein Kursvergleich lohnt in jedem Fall! Vermeiden Sie, auf der Straße Geld zu tauschen, um nicht Betrügern in die Hände zu fallen!

банк	**bank**	Bank
держбанк	**dershbank**	Staatsbank
обмін валюти	**obmin wal'uty**	Wechselstube
банкомат	**bankomat**	Geldautomat

De moshna obmin'aty wal'utu?
wo (man-)kann wechseln Valuta(4)
Wo kann man Devisen tauschen?

Jakyj kurß maje jewro?
welcher Kurs (er-)hat Euro
Welchen Kurs hat der Euro?

Ja chotschu obmin'aty schwejzarß'ki franky na ukrajinß'ki hrywni.
ich will wechseln schweizerische Franken(4) in ukrainische Hrywni(4)
Ich möchte Schweizer Franken in ukrainische Hrywni wechseln.

Ja moshu saplatyty mojeju kredytnoju kartkoju?
ich kann bezahlen meinem(5) kreditischem(5) Kärtchen(5)
Kann ich mit meiner Kreditkarte bezahlen?

Kreditkarten werden (in größeren Städten) angenommen: in Banken, manchen Hotels, manchen (Luxus-)Geschäften. Wir raten jedoch davon ab, die Kreditkarten „in fremde Hände" zu geben.

Post & Telefon

Die Briefumschläge sind vielfach bereits mit Briefmarken bedruckt. So kann man sie auf der Post oder auch an Zeitungskiosken kaufen (an Kiosken allerdings nur für Inlandsbriefe). Man unterscheidet Briefumschläge nämlich für Briefe innerhalb des Landes und ins Ausland.

Post

пошта	**poschta** *(w)*	Post
поштамт	**poschtamt**	Postamt
главпоштамт	**hlawposchtamt**	Hauptpostamt
прийом листів	**pryjom lyßtiw**	Briefannahme

lyßt	Brief
konwert	Briefumschlag
poschtowa marka *(w)*	Briefmarke
banderol' *(w)*	Päckchen
poßylka *(w)*	Paket
blank	Formular

Dajte, bud' laßka, mishnarodnyj konwert!
gebt(!) bitte internationalen(4) Briefumschlag(4)
Einen internationalen Briefumschlag, bitte.

Telefonieren (*dswonyty*)

telefon	Telefon
telefonna budka	Telefonzelle
mobilka *(w)*	Handy
peredplatschena ßim-kartka	Prepaid-Karte

De moshna kupyty mishnarodnu peredplatschenu kartku bez mobilky?
wo (man-)kann kaufen internationale(4) vorbezahlte(4) Karte(4) ohne Handy(2)
Wo kann man eine internationale Prepaid-Karte ohne Handy kaufen?

Jak popownyty ßwij rachunok?
wie aufladen eigenes(4) Guthaben(4)
Wie kann man sein Konto wieder aufladen?

Jakyj Wasch nomer telefonu?
welche Ihre Nummer Telefons(2)
Wie lautet Ihre Telefonnummer?

Allo! Ze kwartyra Iwanowa?
hallo das Wohnung Iwanows(2)
Hallo! Ist dort die Wohnung der Iwanows?

S Wamy howoryt' ...
mit euch(5) (es-)spricht ...
Mit Ihnen spricht ...

телефон

Für **Telefonzellen** *benötigt man in der Regel eine Chipkarte.*

Es gibt mehrere **Mobilfunknetze.** *Die Roaminggebühren sind sehr hoch. Günstiger telefoniert man mit in der Ukraine gekauften Prepaid-Karten (oder per Skype).*

In den meisten Städten gibt es Internet-Cafés.

Die Versorgung mit Hotspots für offenes WLAN / WiFi ist in den Städten ausgesprochen gut.

Internet

De tut je internet-kafe?
wo hier ist Internet-Café
Wo gibt es hier ein Internet-Café?

Ja chotschu podywytyß'a moji imejly.
ich will sehen meine Emails
Ich möchte meine Emails abrufen.

internet	Internet
internet-kafe	Internet-Café
imejl	Email
podywytyß'a	*(hier:)* abrufen
waj-faj	(öffentl.) WLAN

Krank sein

Hier nun einiges zum Thema Arzt & Co.

швидка допомога	**schwydka dopomoha** *(w)*	Erste Hilfe
поліклініка	**poliklinika** *(w)*	Poliklinik
лікарня	**likarn'a** *(w)*	Krankenhaus
реєстратура	**rehißtratura** *(w)*	Aufnahme
лікар	**likar**	Arzt
зубний лікар	**subnyj likar**	Zahnarzt

Wyklytschte, bud' laßka, likar'a / schwydku dopomohu!
ruft(!) bitte Arzt(4) / schnelle(4) Hilfe(4)
Rufen Sie bitte den Arzt / die Erste Hilfe!

De najblyschtscha poliklinika?
wo nächste Poliklinik
Wo ist die nächste Poliklinik?

beim Arzt

Ja sachworiw / sachworila.
ich krank-war(m/w)
Ich bin krank geworden.

Schtscho u Waß?
was bei euch(2)
Was fehlt Ihnen?

U mene bolyt' schlunok / ßerze.
bei mir(2) (es-)wehtut Magen / Herz
Ich habe Magenschmerzen / Herzschmerzen.

Ja proßtudywß'a / proßtudylaß'a.
ich erkältete-sich(m/w)
Ich habe mich erkältet.

Mene nudyt' / snobyt'.
mich(4) ist-übel / schüttelt
Mir ist übel. / Ich habe Schüttelfrost.

U mene ...	Ich habe ...	*bei mir(2) ...*
U Waß ...	Sie haben ...	*bei euch(2) ...*
ponoß	Durchfall	
temperatura *(w)*	Fieber	*Temperatur*
kaschel'	Husten	
neshyt'	Schnupfen	
hryp	Grippe	
ßerdetschnyj pryßtup	Herzanfall	*herzmäßiger Anfall*
apendyzyt	Blinddarmreizung	
wyßokyj krowjanyj tyßk	hoher Blutdruck	*hoher / niedriger*
nys'kyj krowjanyj tyßk	niedriger Blutdruck	*blutlicher Druck*

beim Zahnarzt

U mene bolyt' sub.
bei mir(2) (er-)wehtut Zahn
Mir tut der Zahn weh.

U mene wypala plomba.
bei mir(2) herausfiel(w) Plombe
Mir ist eine Füllung herausgefallen.

Bud' laßka, poßtawte plombu, ne wyrywajte!
bitte setzt(!) Plombe(4) nicht herauszieht(!)
Machen Sie bitte eine Füllung, nicht ziehen!

Apotheke

Verschriebene Medikamente muss jeder selbst bezahlen.

U Waß je liky wid holownoho bol'u / wid ponoßu?
bei euch(2) ist Medikamente von kopfmäßigen(2) Schmerz(2) / von Durchfall(2)
Haben Sie ein Medikament gegen Kopfschmerzen / gegen Durchfall?

U Waß je bynt / wata / plaßtyr?
bei euch(2) Binde / Watte / Pflaster
Haben Sie Binden / Watte / Pflaster?

Moshna bes rezepta?
(man-)darf ohne Rezept(2)
Kann man dieses Medikament ohne Rezept bekommen?

Jak pryjmaty zi liky?
wie einnehmen diese(4) Medikamente(4)
Wie muss man diese Medikamente einnehmen?

Deßʼatʼ krapelʼ / Dwi tabletky odyn ras u denʼ.
zehn Tropfen(4) / zwei Tabletten ein Mal in Tag(4)
Zehn Tropfen / Zwei Tabletten einmal täglich.

Toilette

Am besten sucht man die Toiletten in den großen Hotels auf. Es gibt jedoch auch immer mehr privat betriebene Pachttoiletten, die man ohne Bedenken benutzen kann.

An den Toilettentüren befinden sich entweder kleine Figuren oder folgende Schriftzeichen.

tualet	Toilette	туалет
platnyj tualet	Toilette zum Bezahlen	платний туалет
tscholowitschyj	Männer *(Toilette)*	ч: чоловічий
shinotschyj	Frauen *(Toilette)*	ж: жіночий

Es kann aber sein, dass man immer noch die russischen Buchstaben findet.

м: мужской	**muschßkoj**	Männer
ж: женский	**shenßkij**	Frauen

De tut tualet?
wo hier Toilette
Wo ist hier eine Toilette?

Tualetnyj papir je?
Toiletten Papier ist
Haben Sie Toilettenpapier?

Es empfiehlt sich, immer etwas Toilettenpapier bei sich zu haben.

Schimpfen & Fluchen

Diese Ausdrücke sind im Prinzip trotzdem beleidigend, haben aber durch den häufigen Gebrauch an Schärfe verloren. Dennoch bitte nicht verwenden!

Wie in jeder Sprache gibt es auch im Ukrainischen ziemlich derbe Ausdrücke. Die Ukrainer sind bei der Verwendung solcher Wörter sehr unangenehm berührt, noch dazu, wenn sie ein Ausländer ausspricht. Hier folgen jedoch einige relativ harmlose Flüche:

Tschort pobery!
Teufel hole
Der Teufel soll dich holen! / Zum Teufel!

Tschy win / wona s-hlusdu sjichaw / sjichala?
ob er / sie Dummheit(2) herunterfuhr(m/w)
Hat er / sie nicht alle Tassen im Schrank?

Bl'ad'!
Hure!

Shopa!
Arsch!

Hiwno!
Scheiße!

Nichts verstanden? – Weiterlernen!

Schon ein kleiner Versuch, einige Worte Ukrainisch zu sprechen, kann viel Sympathie einbringen:

Ja schtsche pohano rosmowl'aju po-ukrajinß'ky.
ich noch schlecht(Umst) (ich-)spreche auf-Ukrainisch
Ich spreche noch schlecht Ukrainisch.

Nichts verstanden? – Weiterlernen! ?!

Ja sowßim ne rosmowl'aju po-ukrajinß'ky.
ich vollkommen nicht (ich-)spreche auf-Ukrainisch
Ich spreche überhaupt nicht Ukrainisch.

Wy mene rosumijete?
ihr mich(4) (ihr-)versteht
Verstehen Sie mich?

Schtscho snatschyt' ze ßlowo po-ukrajinß'ky / po-nimez'ky?
was heißt dieses Wort auf-Ukrainisch / auf-Deutsch
Was heißt dieses Wort auf Ukrainisch / auf Deutsch?

Mit einem Smartphone können Sie sich die mit einem gekennzeichneten Sätze dieses Kapitels anhören.

Chto-nebud' howoryt' po-nimez'ky / po-anhlijß'ky?
wer-jemand spricht auf-Deutsch / auf-Englisch
Spricht jemand Deutsch / Englisch?

Oft kann das Englische oder gar das Deutsche weiterhelfen.

Wy howoryte po-nimez'ky / po-anhlijß'ky?
ihr sprecht auf-Deutsch / auf-Englisch
Sprechen Sie Deutsch / Englisch?

Ja ne srosumiw / srosumila!
ich nicht verstand(m/w)
Ich habe nicht verstanden.

Jak?
wie
Wie bitte?

Hat man etwas nicht verstanden, kann man ruhig nachfragen!

Pojaßnit' / Powtorit', bud' laßka, schtsche ras / bil'sch powil'no!
erklärt(!) / wiederholt(!) bitte noch Mal / mehr langsam
Erklären Sie / Wiederholen Sie bitte noch einmal / langsamer!

Literaturhinweise

Diese hier aufgeführten Bücher und Schriften sind nicht beim Reise Know-How Verlag erhältlich. Bitte wenden Sie sich an Ihre Buchhandlung, einen Online-Versandhändler oder eine Bibliothek!

Mittlerweile sind zwei moderne **Lehrbücher** der ukrainischen Sprache für Deutsche erschienen:

- Amir-Babenko, Svetlana: **Lehrbuch der ukrainischen Sprache.** Mit Begleit-CD. 3. Auflage 2011. Buske Verlag.

- Schubert, Ludmila: **Ukrainisch für Anfänger und Fortgeschrittene.** 1. Auflage 2005. 312 Seiten. Harrassowitz Verlag.

Grammatik:

- Amir-Babenko, Svetlana / Franz Pfliegl: **Praktische Kurzgrammatik der ukrainischen Sprache.** 2005. 120 Seiten. Buske Verlag

Wörterbuch:

- Kuzela, Zeno / Jaroslav B. Rudnyckyj / S. Iwanyckyj / K. H. Meyer: **Ukrainisch-Deutsches Wörterbuch.** 3. Auflage 1987. 1500 Seiten. Harrassowitz Verlag.

Wer mit der englischen Sprache vertraut ist, dem sei ein englisches Lehrbuch der ukrainischen Sprache empfohlen:

- J. O. Shluktenko / N. I. Totska / T. K. Molodid: **Ukrainian. A Textbook for Beginners.** Kiew 1987. Wyschtscha Schkola.

Odessa

Bei ***Hauptwörtern*** sind die Ein- und Mehrzahl sowie das grammatische Geschlecht immer angegeben. Steht kein grammatisches Geschlecht, ist das betreffende Hauptwort männlich.

adreß/a (-y) *(w)* *lies:*
Ez: adreßa,
Mz: adreßy, *weiblich*

kupe (=) *(s)* *lies:*
Ez: kupe,
Mz: kupe, *sächlich*

robitnyk (-y) *lies:*
Ez: robitnyk,
Mz: robitnyky, *männlich*

alkogol *(Ez)* *lies:*
nur Ez: alkogol, *männl.*

Eigenschaftswörter *sind nur in der männlichen Form angegeben.*

Die ***Tätigkeitswörter*** *(Verben) enthalten folgende Informationen:*

widjidshaty *lies:*
regelmäß. Verb,
1. Beugungsklasse,
unvollendeter Aspekt

widji/chaty (-du) *(v)* *lies:*
Grundform: widjichaty,
1. Pers. Ez („ich"):
widjidu, ... *usw.*
1. Beugungsklasse,
vollendeter Aspekt

sa/platyty (-platschu, -platysch) *(II., v)* *lies:*
Grundform: saplatyty,
1. Pers. Ez: saplatschu,
2. Pers. Ez: saplatysch, ...
2. Beugungsklasse,
vollendetes Verb

Welche ***Fälle*** *Verhältniswörter und einige Tätigkeitswörter verlangen, kann man an der „Nummer" des betreffenden Falls ablesen:*
samißt' *(+ 2.)* *lies:*
samißt' *steht mit dem 2. Fall (Genitiv)*

Verwendete Abkürzungen:

m	*männlich*
w	*weiblich*
s	*sächlich*
Ez	*Einzahl*
Mz	*Mehrzahl*
Eig.	*Eigenschaftswort*
Umst.	*Umstandswort*
Verg.	*Vergangenheit*
Zuk.	*Zukunft*
3.	*3. Person („er, sie")*
II.	*2. Verbklasse*
v	*vollendeter Aspekt*

A

Abend wetschir
Abendessen wetscher'a (-i) *(w)*
aber ale, a
abfahren widjishdshaty; widji/chaty (-du) *(v)*
abfliegen widlitaty
abgeben widda/waty (-ju)
abholen sußtritschaty
abreisen wydjishdshaty
abschleppen widbukßyr/uwaty (-uju)
Abteil (Zug) kupe (=) *(s)*
Adresse adreß/a (-y) *(w)*
Alkohol alkogol *(Ez)*
allein odyn
alles wße
als (Vergleich) jak; **(zeitl.)** koly
alt ßtaryj
Alter (Lebens-) wik (-y)
anfangen potschynaty

Wörterliste Deutsch – Ukrainisch

Angst ßtrach (-y)
anhalten supyn'atyß'a; su/pynytyß'a (-pyn'uß'a, -pynyschß'a) *(II., v)*
ankommen prybuwaty; prybu/ty (-du); pryji/chaty (-du, -desch) *(v)*
Ankunft pryjisd *(Ez)*
anmelden powidoml'aty
anstatt samißt' *(+ 2.)*
Antwort widpowid' (-i) *(w)*
antworten widpowidaty
Apotheke aptek/a (-y) *(w)*
arbeiten praz'/uwaty (-uju)
arm bidnyj
Arzt likar (-i)
auch tesh
auf na *(+ 6.)*
aufhalten, sich perebuwaty
aufhören pereßta/waty (-ju)
aufstehen wßt/awaty (-anu)
aufwachen proßynatyß'a
aus s *(+ 2.)*, is *(+ 2.)*
außer krim *(+ 2.)*
Ausfuhr wywis
Ausgang wych/id (-ody)
ausgezeichnet tschudowyj
Auskunft dowidk/a (-y) *(w)*
Ausland sakordon
Ausländer inosem/ez' (-zi)
Ausländerin inosemk/a (-y) *(w)*
Ausreise wyjisd sa kordon
Aussprache wymowa *(w)*
aussteigen wychod/yty (-shu, -ysch) *(II.)*; wy/jty (-du)
Ausstellung wyßtawk/a (-y) *(w)*
Ausweis paßport (-y)
ausziehen, sich rosd'ahatyß'a
Auto awtomobil/' (-i)
Autobahn awtoßtrad/a (-y) *(w)*
Autowerkstatt majßtern'/a (-i) *(w)*

B

baden kupatyß'a
Badezimmer wann/a (-y) *(w)*
Bahnhof woksal (-y)
Bahnsteig platform/a (-y) *(w)*; peron (-y)
bald nesabarom
Bank (Geld) bank (-y); **(Sitz-)** law/a (-y) *(w)*
Bargeld hotiwk/a (-y) *(w)*
Batterie batarejk/a (-y) *(w)*
bauen bu/duwaty (-duju)
Bauer ßel'/anyn (-any)
beeilen, sich poßpischaty
befinden, sich snachod/ytyß'a (-shuß'a, -yschß'a)
begegnen, sich sußtritschatyß'a
beginnen potschynatyß'a; potschynaty
begleiten ßuprowodshu/waty (-ju)
begrüßen witaty
behandeln (Krankheit) lik/uwaty (-uju)
Behörde ußtanow/a (-y) *(w)*
bei u *(+ 2.)*
bekannt machen, sich snajom/ytyß'a (-l'uß'a, -yschß'a) *(II.)*
Bekleidung odjah *(Ez)*
beleidigen obrashaty
benachrichtigen powidoml'aty
Benzin bensyn *(Ez)*
Beruf profeßij/a (-i) *(w)*
berühmt snamenytyj
beschäftigen, sich (mit) sachopl'uwatyß'a *(+ 5.)*
beschweren, sich ßkarshytyß'a *(II.)*
besichtigen ohl'adaty; ohl'anuty *(v)*
Besitzer wlaßnyk (-y)
besser kraschtsche
bestellen samowl'aty; samow/yty (-l'u, -ysch) *(v)*
Bestellung samowlenn'a (=) *(s)*
bester najkraschtschyj
Besuch wisyt (-y)
besuchen widwidu/waty (-ju)

betrügen obman'/uwaty (-uju)
betrunken pjanyj
Bett lishk/o (-a) *(s)*
bevor poky
bezahlen plat/yty (-schu, platysch) *(II.)*; sa/platyty (-platschu, -platysch) *(II., v)*
Bier pywo *(s Ez)*
Bild kartyn/a (-y) *(w)*
billig deschewyj
Binde bynt (-y)
bis do *(+ 2.)*
bisschen trochy
Bitte prochann'a (=) *(s)*
bitten prochaty
bleiben salyschatyß'a
Bleistift oliw/ez' (-zi)
Blume kwit/ka (-y) *(w)*
Boot tschow/en (-ny)
Botschaft (dipl.) poßol'ßtw/o (-a) *(s)*
Brauch swytschaj (-i)
brauchen potre/buwaty (-buju)
breit schyrokyj
brennen hor/ity *(3. Ez:* -yt', 3. Mz: -'at') (II.)
Brief lyst (-y)
Briefmarke poschtow/a mark/a (-i ... -y) *(w)*
Brille okul'ary *(Mz)*
bringen pryn/oßyty (-oschu, -oßysch) *(II.)*; pryneß/ty (-u, -esch) *(v)*
Brot chlib (-y)
Brücke mißt (moßty)
Bruder brat (-y)
Buch knyshk/a (-y) *(w)*
buchen sabron/uwaty (-uju) *(v)*

Buchstabe bukw/a (-y) *(w)*
Bügeleisen praßk/a (-y) *(w)*
Burg sam/ok (-ky)
Bürger (Staats-) hromad'/anyn (-any)
Bürgerin (Staats-) hromad'ank/a (-y) *(w)*
Büro bjuro (=) *(s)*
Bus awtobuß (-y)

C

Chauffeur schofer (-y)
Chef schef (-y)

D

da tam
Dach dach (-y)
dafür sate
dahinter posadu
damit (um zu) schtschob
danach potim
dankbar wd'atschnyj
danke d'akuju
danken d'aku/waty (-ju)
dann todi
darum tomu
dass schtscho
Datum tsch/yßlo (-yßla) *(s)*
dauern trywa/ty *(3. Ez: -je; 3. Mz: -jut')*
Decke (Bett) kowdr/a (-y) *(w)*
denken dumaty
Denkmal pam'atnyk (-y)
deshalb tomu
deutsch nimez'kyj
Deutsche nimken/'a (-i), nimk/a (-y) *(w)*
Deutscher nim/ez' (-zi)
Deutschland Nimetschtschyna *(w)*
Devisen (wil'no konwertowana) wal'uta *(w Ez)*
dick towßtyj
Diebstahl kradishk/a (-y) *(w)*
dieses ze
Ding (Sache) ritsch (retschi) *(w)*; ßpraw/a (-y) *(w)*
Diskothek dyßkotek/a (-y) *(w)*
Dokument dokument (-y)
Dolmetscher perekladatsch (-i)
Dorf ßelo (ßela) *(s)*
dort tam
dorthin tudy
dringend (Umst.) terminowo
dumm nerosumnyj
dunkel temnyj
dünn chudyj
durch (quer) tscheres *(+ 4.)*, po *(+ 3.)*
dürfen maty prawo
Durst (haben) chotschetß'a pyty
duschen pryjmaty dusch

E

echt ßprawshnij

Ehefrau drushyn/a (-y) *(w)*
Ehemann tscholowik (-y)
Ehepaar podrushja (=) *(s)*
Ei jajze (jajz'a) *(s)*
Eigentum wlaßnißt' *(w Ez)*
ein (-e, -s) odyn, odna, odne *(m/w/s)*
einander odne odnoho
Einbruch slom (-y)
einfach proßtyj
Einfuhr wwis *(Ez)*
Eingang wch/id (-ody)
einige dejaki
einladen saproschu/waty (-ju)
Einladung saproschenn'a (=) *(s)*
einmal odyn ras
einsteigen (in) ßidaty (w + *4.*)
eintreten wchod/yty (-shu) *(II.)*; sachod/yty (-shu) *(II.)*
einverstanden s-hodnyj
Einwohner shytel' (-i)
Eis (Speise-) morosywo *(s Ez)*
Eisenbahn salisnyz'/a (-i) *(w)*
Eltern bat'ky *(Mz)*
empfangen (Gäste) pryjmaty (hoßtej) *(v)*
empfehlen rekomend/uwaty (-uju)
Ende kin/ez' (-zi)
endlich nareschti
eng tißnyj
England Anhlija *(w)*
englisch anhlijß'kyj
Enkel onuk (-y)
Enkelin onuk/a (-y) *(w)*
entscheiden wyrischu/waty (-ju); wyrischyty *(II., v)*
entschuldigen, sich wybatschatyß'a
entweder ... oder abo ... abo
Erde seml'a *(w Ez)*
Erfolg ußpich (-y)
erhalten odershu/waty (-ju)
erholen, sich widpotschywaty
erinnern, sich pam'ataty
erkältet sein saßtudytyß'a *(v)*
erklären pojaßn'u/waty (-ju)
erkundigen, sich dowidu/watyß'a (-juß'a)
erlauben doswol'aty
Erlaubnis doswil *(Ez)*
Ermäßigung ßkydk/a (-y) *(w)*
Ersatzteil sapaßn/a detal/' (-i ... -i) *(w)*
erzählen rospowidaty
essen jißty (jim, jißy); sjißty (sjim, sjißy) *(v)*
Essen ßtraw/a (-y) *(w)*
etwas schtscho-nebud'

F

Fähre porom (-y)
fahren (in eine Richtg.) ji/chaty (-du, -desch); **(hin u. her)** ji/sdyty (-shdshu, -sdysch) *(II.)*
Fahrkarte kwyt/ok (-ky)
Fahrplan hrafik (-y); rospor'ad/ok (-ky) pojisdiw
Fahrpreis wartißt' projisdu *(w Ez)*
Fahrrad weloßyped (-y)
Fahrzeug maschyn/a (-y) *(w)*
falsch neprawyl'nyj
Familie ßimja (ßimji) *(w)*
Familienname priswyschtsch/e (-a) *(s)*
Farbe farb/a (-y) *(w)*
faul (Obst) hnylyj; **(träge)** linywyj
Fehler pomylk/a (-y) *(w)*; defekt (-y)
Feier ßw'at/o (-a) *(s)*
feiern ßw'atk/uwaty (-uju)
Feld pol/e (-'a) *(s)*
Fenster wikno (wikna) *(s)*
Ferien kanikuly *(Mz)*
fern dalekyj
Fernsehgerät telewisor (-y)
fertig hotowyj
fest twerdyj
Fest ßw'at/o (-a) *(s)*
feucht wolohyj
Feuer woh/on' (-ni)
Fieber wyßoka temperatura *(w Ez)*
Film fil'm (-y); **(Foto)** pliwk/a (-y) *(w)*
finden snachod/yty (-shu, -ysch) *(II.)*; snaj/ty (-du, snajdesch) *(II., v)*
Finger pal/ez' (-'zi)

Fisch ryb/a (-y) *(w)*
Flasche pl'aschk/a (-y) *(w)*
Fleisch mjaßo *(s Ez)*
fleißig ßtaranyj
fliegen litaty
flirten flirt/uwaty (-uju)
Flughafen aeroport (-y)
Flugticket kwyt/ok (-ky) na litak
Flugzeug litak (-y)
Fluss ritschk/a (-y) *(w)*
Formular formul'ar (-y)
Fotoapparat fotoaparat (-y)
fotografieren fotohraf/uwaty (-uju)
fragen sapytu/waty (-ju); sapytaty *(v)*
Frankreich Franzija *(w)*
Franzose franzus (-y)
Französin franzushenk/a (-y) *(w)*
französisch franzus'ky
Frau shink/a (-y) *(w)*; **Anrede)** pani (=) *(w)*
Fräulein diwtsch/yna (-ata) *(w)*
frei wil'nyj
fremd tschushyj
freuen, sich radu/watyß'a (-juß'a)
Freund dr/uh (-usi)
Freundin podruh/a (-y) *(w)*
freundlich prywitnyj
Freundschaft drushba *(w Ez)*
Frieden myr *(Ez)*
frieren mersnuty
frisch (Obst) ßwishyj
fröhlich weßelyj
Frucht frukt (-y)
früh (Umst.) rano
Frühling weßna (weßny) *(w)*
frühstücken ßnidaty; poßnidaty *(v)*
fühlen, sich potschuwaty ßebe
Führung ekßkurßij/a (-i) *(w)*
für dl'a *(+ 2.)*, sa *(+ 4.)*
fürchten, sich (vor) boj/atyß'a (-uß'a, -ischß'a) *(II.)*
Fuß noha (nohy) *(w)*; **zu F.** pischky

G

ganz weß'
Gas has (-y)
Gasse prowul/ok (-ky)
Gast hißt' (hoßti)
Gastfreundschaft hoßtynißt' *(w Ez)*
Gastgeber hoßpodar (-i)
Gaststätte jidal'n/'a (-i) *(w)*
Gebäck petschywo *(s Ez)*
Gebäude budyn/ok (-ky)
geben da/waty (-ju, -jesch); daty (dam, daßy) *(v)*
Gebiet kraj (-i)
Gebirge hory *(w Mz)*
Gebühr podat/ok (-ky); myto *(s Ez)*
Geburtstag den' narodshenn'a
gefährlich nebespetschnyj
gefallen podobatyß'a
Gefäß poßudyn/a (-y) *(w)*
Gefühl potschut'a (=) *(s)*
gegen proty *(+ 2.)*
Gegend mißzew/ißt' (-oßti) *(w)*
gegenüber nawproty *(+ 2.)*
gehen (hin u. her) chod/yty (-shu, chodysch) *(II.)*; **(in eine Richtung)** ity (idu, idesch)
Geld hroschi *(Mz)*
Gemüse owotschi *(Mz)*
gemütlich satyschnyj
genau totschnyj
genug doßyt'
Gepäck bahash *(Ez)*
geradeaus pr'amo
gern ochotsche
Geschäft mahasyn (-y)
Geschenk podarun/ok (-ky)
Geschichte opowidann'a (=) *(s)*; **(histor.)** ißtorija *(w Ez)*
Geschwister brat i ßeßtra
Gesellschaft towaryßtw/o (-a) *(s)*
Gesetz sakon (-y)
gestern wtschora
gesund sdorowyj
Gesundheit sdorowja *(s Ez)*
Getränk nap/ij (-oji)
Gewicht waha *(w Ez)*

Wörterliste Deutsch – Ukrainisch

Gewitter hrosa (hrosy) *(w)*
gewöhnen swykaty
gewöhnlich (Umst.) swytschajno
Gewürze pr'anoschtschi *(Mz)*
Gift otrut/a (-y) *(w)*
Glas (Material) ßklo *(s Ez)*; **(Trink-)** ßkl'ank/a (-y) *(w)*
glauben wir/yty (-'u) *(II.)*
Glück schtschaßt'a *(s Ez)*
glücklich sein potschuwa/ty (-ju) ßebe schtschaßlyw/ym (-oju, *w)*
Gold soloto *(s Ez)*
Gott boh (-y)
Gramm hram (-y)
gratulieren posdorowl'aty
Grenze kordon (-y)
Grippe hryp *(Ez)*
groß welykyj
Größe (Kleidung) rosmir (-y)
Großmutter babuß/'a (-i) *(w)*
Großvater diduß/' (-i)
Gruppe hrup/a (-y) *(w)*
grüßen witaty; **sich g.** witatyß'a
gültig dijßnyj
gut dobryj

H

haben maty
Hafen port (-y)
Hälfte polowyn/a (-y) *(w)*
halten (in der Hand) trymaty; dersh/aty (-u, dershysch) *(II.)*
Haltestelle supynk/a (-y) *(w)*
Handel torhiwl'a *(w Ez)*
hart twerdyj
Haus budyn/ok (-ky); dim (domy)
Hausfrau domohoßpodark/a (-y) *(w)*
Hausherr chas'aj/in (-i) domu
heben pidnimaty; pidn/'aty (-imu) *(v)*
heiß (Getränk) har'atschyj; **(Wetter)** sharkyj
heißen nasywatyß'a
helfen dopomahaty; dopom/ohty (-oshu, -oshesch) *(v)*
hell ßwitlyj
Herbst oßin' *(w Ez)*
Herr (Anrede) pan (-y)
herunterlassen **(z. B. Liege)** opußkaty; op/ußtyty (-uschtschu, -ußtysch) *(II., v)*
herzlich ßerdetschnyj
heute ß'ohodni
hier tut
Hilfe dopomoha *(w Ez)*
hingelangen dobyratyß'a
hinter sa *(+ 5.)*
hoch wyßokyj
hochheben pidnimaty; pidn/'aty (-imu) *(v)*
Hochzeit weßil'a (=) *(s)*
hoffen ßpodiwatyß'a
höflich tschemnyj
Holz der/ewo (-ewa) *(s)*
hören ßluchaty; tschuty
Hotel hotel/' (-i)
hungrig (sein) buty holodnym
Hygiene hihijena *(w Ez)*

I

immer sawshdy
impfen robyty prywywku (robl'u, robysch) *(II.)*
in (Ort) w / u *(+ 6.)*, na *(+ 6.)*; **(Richtung)** w / u *(+ 4.)*, na *(+ 4.)*; **(zeitl.)** tscheres *(+ 4.)*, sa *(+ 4.)*
Industrie indußtrija *(w Ez)*
Insel oßtr/iw (-owy)
interessant zikawyj
interessieren, sich (für) zikaw/ytyß'a (-l'uß'a, -yschß'a) *(II.)*
international mishnarodnyj
irren, sich pomyl'atyß'a

J

ja tak
jagen pol'/uwaty (-uju)
Jahr rik (roky)
Jahreszeit pora (pory) *(w)* roku
jährlich schtschoritschnyj
Jeans dshynßy *(Mz)*

jeder koshnyj;
jedes Mal schtschorasy
jemand chtoß'
jener toj
jetzt teper
Journalist shurnalißt (-y)
jung molodij
Junge chlop/ez' (-zi)
jüngerer molodschyj

K

Kaffee (Getränk) kawa *(w Ez);* **(Produkt)** kofe *(s Ez)*
kalt cholodnyj
kaputt ne praz'uje
Karte (Land-) map/a (-y) *(w)*
Kasse kaß/a (-y) *(w)*
kaufen kup/uwaty (-uju); kup/yty (-l'u, kupysch) *(II., v)*
Kaufhaus uniwermah (-y)
Kellner ofiziant (-y)
Kellnerin ofiziantk/a (-y) *(w)*
kennen sna/ty (-ju)
Kind dytyna (dity) *(w)*
Kino kino (=) *(s)*
Kirche zerkw/a (-y) *(w)*
Kleidung odjah *(Ez)*
klein malyj
klug rosumnyj
Kneipe pywnyz'/a (-i) *(w)*
kochen waryty (war'u, warysch) *(II.)*
kommen (an-) prychod/yty (-schu) *(II., v);* pryjij/chaty (-du, -desch) *(v)*
kompliziert ßkladnyj
können mo/hty (-shu); umity
Konsulat konßul'ßtw/o (-a) *(s)*
kontrollieren kontrol'/uwaty (-uju)
Konzert konzert (-y)
kosten (Preis) koschtu/waty (-je); **(Speise)** kuscht/uwaty (-uju)
kostenlos besplatnyj
krank chworyj
Krankenhaus likarn'/a (-i) *(w)*
Krankheit chworob/a (-y) *(w)*
kühl procholodnyj
Kunst myßteztw/o (-a) *(s)*
kurz korotkyj
küssen zil/uwaty (-uju)

L

lächeln ußmichatyß'a (v)
lachen (über) ßmij/atyß'a (-uß'a) (nad + 5.)
Lage (geograph.) poloshenn'a (=) *(s)*
Laken proßtyradl/o (-a) *(s)*
Lampe lamp/a (-y) *(w)*
Land krajina (-y) *(w)*
Landkarte heohrafitschn/a kart/a (-i ... -y) *(w);* map/a (-y) *(w)*
Landschaft landschaft (-y)
Landwirtschaft ßil'ßk/e hoßpodarßtw/o (-i) *(s)*
lang dowhyj
langsam powil'nyj
langweilig nudnyj
laufen biha/ty (-ju)
laut holoßnyj
leben shyty
Leben shyt'a (=) *(s)*
Lebensmittel prodowol'tschi towary *(Mz)*
ledig neodrushenyj
leer pußtyj
legen kla/ßty (-du); pokla/ßty *(v)*
lehren nawtschaty
leicht lehkyj
leihen, sich (von) posytschaty (u + 2.)
leise tichyj
lernen nawtschatyß'a
lesen tschytaty
Leute l'udy *(Mz)*
Licht ßwitlo *(s Ez)*
lieben l'ub/yty (-l'u, l'ubysch) *(II.)*
Lied pißn/'a (-i) *(w)*
liegen lesh/aty (-u) *(II.)*
links liworutsch;
nach l. naliwo
Loch dirk/a (-y) *(w)*
Lohn (Gehalt) sapla/ta (-y) *(w)*
Luft powitr'a *(s Ez)*

lügen howoryty neprawdu *(II.)*
lustig weßelyj

M

machen (tun) rob/yty (-l'u, robysch) *(II.)*; srob/yty (-l'u) *(II., v)*
Mädchen diwtsch/yna (-ata) *(w)*
malen mal'/uwaty (-uju)
manchmal inkoly
Mann tscholowik (-y)
Markt ryn/ok (-ky); basar (-y)
Medikament medykament (-y)
Meer mor/e (-'a) *(s)*
mehr bil'sche
Menge kil'kißt' *(w Ez)*
Mensch l'udyna (l'udy) *(w)*
merken, sich sapamjataty
Messer nish (noshi)
mieten (Zimmer) snimaty (kimnatu)
Minute chwylyn/a (-y) *(w)*
mit s / si *(+ 5.)*
Mittag obid (-y)
Mittag: zu M. essen obidaty; poobidaty *(v)*
mitteilen powidoml'aty; powidom/yty (-l'u, -ysch) *(II., v)*
Mode moda *(w Ez)*
möglich (Umst.) moshlywo
Monat miß'az/' (-i)
morgen sawtra
Morgen ran/ok (-ky)
morgens wranzi
Motor motor (-y)
Motorboot motorn/yj tschow/en (-i ... -ni)
Motorrad motozykl (-y)
müde ßtomlenyj; **m. werden** wtom/ytyß'a (-l'uß'a, -yschß'a; *Verg.:* wtom/ywß'a *m*, -ylaß'a *w*) *(II., v)*
Museum musej (-i)
Musik musyka *(w Ez)*
müssen mu/ßyty (muschu) *(II.)*
Mutter ma/ty (-teri) *(w)*; mam/a (-y) *(w)*

N

nach pißl'a *(+ 2.)*; **(Richtung)** w / u, na *(+ 4.)*
Nachmittag pißl'a obidu
Nachname priswyschtsch/e (-a) *(s)*
Nachricht powidomlenn'a (=) *(s)*
Nacht nitsch (notschi) *(w)*
nackt holyj
Nadel holk/a (-y) *(w)*
nah blys'kyj
Name im/ja (-ena) *(s)*
nass mokryj
Nationalität nazional'n/ißt' (-oßti) *(w)*
Natur pryroda *(w Ez)*
natürlich (n. künstl.) natural'nyj
neben bil'a *(+ 2.)*
nehmen braty (beru, beresch); ws'aty (wis'mu, wis'mesch) *(v)*
nein ni
neu nowyj
neugierig dopytlywyj
nicht ni, ne
nichts nitschoho ... ne
niedrig nys'kyj
niemals nikoly ... ne
niemand nichto ... ne
nirgendwo nide ... ne
nirgendwohin nikudy ... ne
noch schtsche; **n. einmal** schtsche ras
Norden piwnitsch *(w Ez)*
normal normal'nyj
notwendig neobchidnyj
Nummer nomer (-y)
nur til'ky
nutzen koryßt/uwatyß'a (-ujuß'a) *(+ 5.)*

O

ob tschy
oben uhori
Obst frukty *(Mz)*
oder abo
öffnen widkrywaty; widkry/ty (-ju) *(v)*
oft tschaßto
ohne bes *(+ 2.)*
Öl (Auto) maßlo *(s Ez)*; **(Speise-)** olija *(w Ez)*
Onkel d'ad'/ko (-ky)
organisieren orhanis/uwaty (-uju)

Ort naßelen/yj punkt (-i ... -y)
Osten ßchid *(Ez)*
Österreich Awßtrija *(w)*
Österreicher awßtrij/ez' (-zi)
Österreicherin awßtrijk/a (-y) *(w)*
österreichisch awßtrijß'kyj

P

paar dekil'ka
Paar par/a (-y) *(w)*
Päckchen pakun/ok (-ky)
Paket paket (-y)
Palast palaz (-y)
Panne awarij/a (-i) *(w)*
Papier papir *(Ez)*; **Papiere (Dokumente)** papery *(Mz)*
Park park (-y)
parken park/uwaty (-uju)
Parkplatz ßtojank/a (-y) *(w)*
Pass paßport (-y)
passen (Kleid.) ßyd/ity (3. *Ez:* -yt', 3. *Mz:* -'at') *(II.)*; buty w poru
Patient pazijent (-y)
Pause pauß/a (-y) *(w)*; pererw/a (-y) *(w)*
Person perßon/a (-y) *(w)*
Plan plan (-y)
Platz (in der Stadt) majdan (-y); ploschtsch/a (-i) *(w)*; **(Sitz-)** mißz/e (-'a) *(s)*
Platzkarte plazkart/a (-y) *(w)*
plötzlich (Umst.) raptom
Politik polityka *(w Ez)*
Polizei polizij/a (-i) *(w)*
Polizist polizejß'kyj (-i)
Post(amt) poscht/a (-y) *(w)*
Postkarte poschtow/a lyßtiwk/a (-i ... -y) *(w)*
Preis zina (ziny) *(w)*
privat prywatnyj
Problem problem/a (-y) *(w)*
Programm prohram/a (-y) *(w)*
Prospekt proßpekt (-y)
pünktlich totschnyj

Q / R

Qualität jak/ißt' (-oßti) *(w)*
Rad kol/eßo (-eßa) *(s)*
Radiogerät radio (=) *(s)*
rauchen pal/yty (-'u, palysch) *(II.)*; kur/yty (-'u, kurysch) *(II.)*; sakur/yty (-'u, sakurysch) *(II., v)*
Raum prymischtschenn'a (=) *(s)*
rechnen rach/uwaty (-uju)
Rechnung rachun/ok (-ky)
Recht praw/o (-a) *(s)*
rechts praworutsch; **nach r.** naprawo
reden howor/yty (-'u, howorysch) *(II.)*
regelmäßig (Umst.) rehul'arno
Regen doschtsch (-i)
registrieren sarejeßtr/uwaty (-uju)
reich bahatyj
reif ßpilyj
Reifen schyn/a (-y) *(w)*
Reise pojisdk/a (-y) *(w)*; podorosh (-i) *(w)*
Reisebüro bjuro (=) *(s)* podoroshej
reisen podorosh/uwaty (-uju)
rennen biha/ty (-ju); bihty (bishu) *(II.)*
Reparatur remont (-y)
reparieren remont/uwaty (-uju)
reservieren reserw/uwaty (-uju)
Restaurant reßtoran (-y)
Rettungswagen schwydka dopomoha *(w)*
richtig (Umst.) prawyl'no; wirno
Richtung napr'am (-y)
roh ßyryj
Rückfahrt sworotna put' *(w Ez)*
Rucksack r'ukßak (-y)
rückständig widßtalyj
rufen swaty (sowu); **(schreien)** krytschaty
Ruhe ßpokij *(Ez)*

S

Sache ßpraw/a (-y) *(w)*
sagen how/oryty (-'u, -orysch) *(II.)*; ßka/saty (-shu, ßkashesch) *(v)*
Salbe mas/' (-i) *(w)*
Salz ßil' (ßoli) *(w)*
sammeln sbyraty
satt ßytyj
sauber tschyßtyj
säubern tschy/ßtyty (-schtschu, -ßtysch) *(II.)*
sauer kyßlyj
schade shal'
Schaffner prowidnyk (-y)
Schallplatte hramplaßtynk/a (-y) *(w)*
scharf hoßtryj
Scheck tschek (-y)
Schere noshnyzi *(Mz)*
schicken (Post) poßylaty
schießen ßtril'aty
Schiff korab/el' (-li)
schlafen ßpaty (ßpl'u, ßpysch) *(II.)*
Schlafzimmer ßpal'n/'a (-i) *(w)*
schlagen byty (bju, bjesch)
Schlange smija (smiji) *(w)*
schlecht pohanyj
schließen sakrywaty; sakryty *(v)*
Schloss (Bau) sam/ok (-ky)
Schlüssel kl'utsch (-i)
schmackhaft ßmatschnyj
Schmerz bil' (boli)
schmerzen bol/ity (*3. Ez:* -yt', *3. Mz:* -'at') *(II.)*
Schmuck prykraß/a (-y) *(w)*
schmutzig brudnyj
Schnaps horilk/a (-y) *(w)*
Schnee ßnih *(Ez)*
schnell schwydkyj
schon wshe, ushe
schön harnyj
schreiben pyßaty (pyschu, pyschesch); **sich sch.** lyßt/uwatyß'a (-ujuß'a)
schreien krytsch/aty (-u, -ysch) *(II.)*
Schuhe wsutt'a (=) *(s)*
schuldig wynnyj
Schule schkol/a (-y) *(w)*
Schüler schkol'ar/' (-i)
Schülerin schkol'ar'ka (-y) *(w)*
schwanger wahitna
Schweiz Schwejzarija *(w)*
Schweizer schwejzar/ez' (-zi)
Schweizerin schwejzark/a (-y) *(w)*
schweizerisch schwejzarß'kyj
schwer washkyj
Schwester ßestra (ßeßtry) *(w)*
schwimmen plawaty
schwitzen potity
See osero (osera) *(s)*
sehen dyw/ytyß'a (-l'uß'a, dywyschß'a) *(II.)*; batsch/yty (-u) *(II.)*; **sich s.** batsch/ytyß'a (-uß'a) *(II.)*
Sehenswürdigkeiten wysnatschni pam'atky *(Mz)*
sehr dushe
Seide schowk (-y)
Seife mylo *(s Ez)*
Seil troß (-y)
sein (Verb) buty
seit s *(+ 2.)*, wid *(+ 2.)*
Sekunde ßekund/a (-y) *(w)*
selbst ßam
selten (Umst.) ridko
Servicebüro bjuro (=) *(s)* obßluhowuwann'a
setzen, sich ßidaty; ßißty (ß'adu, ß'adesch) *(v)*
sicher nadijnyj
Silber ßerebro *(s Ez)*
singen ßpiwaty
sitzen ßy/dity (-shu, -dysch) *(II.)*
so tak
sofort saras
Sohn ßyn (-y)
sollen mußyty (muschu) *(II.)*; treba
Sommer lit/o (-a) *(s)*
Sonne ßonze *(s Ez)*
sparen ekonom/yty (-l'u, -ysch) *(II.)*
spät (Umst.) pisno
spazierengehen hul'aty; prohul'atyß'a *(v)*
Speise ßtraw/a (-y) *(w)*

Speisekarte men'u (=) *(s)*
Spielzeug ihraschk/a (-y) *(w)*
Sport ßport *(Ez)*
Sprache mow/a (-y) *(w)*
sprechen how/oryty (-or'u, -orysch) *(II.)*
spritzen (Med.) dawaty (daju) ukol
Staatsangehörigkeit piddanßtw/o (-a) *(s)*
Stadt mißt/o (-a) *(s)*
Stadtplan plan (-y) mißta
stark (Kaffee) miznyj; **(Regen)** ßyl'nyj
stehen ßto/jaty (-ju, -jisch) *(II.)*
Stein kam/in' (-ni)
Stelle (Ort) mißz/e (-'a) *(s)*
stellen ßtaw/yty (-l'u, -ysch) *(II.)*; poßtaw/yty (-l'u, -ysch) *(II., v)*
sterben pomyraty
Stimme holoß (-y)
Stoff tkanyn/a (-y) *(w)*
stören sawashaty
Strafe schtraf (-y)
Straße wulyz/'a (-i) *(w)*
Straßenbahn tramwaj (-i)
Streichholz ßirnyk (-y)
streiten ßperetschatyß'a
Stück schtuk/a (-y) *(w)*
Student ßtudent (-y)
Stunde hodyn/a (-y) *(w)*
suchen schukaty
Süden piwden' *(Ez)*
Summe ßum/a (-y) *(w)*
Suppe ßup (-y)
süß ßolodkyj

T

Tabak t'ut'un *(Ez)*
Tablette tabletk/a (-y) *(w)*
Tag den' (dni)
täglich schtschodn'a
Tal dolyn/a (-y) *(w)*
Tankstelle bensokolonk/a (-y) *(w)*; saprawk/a (-y) *(w)*
Tante titk/a (-y) *(w)*
tanzen tanz'/uwaty (-uju)
Tasche ßumk/a (-y) *(w)*
tauschen (etw.) pomin'aty *(v)*; **(mit jmd.)** pomin'atyß'a *(v)*
Taxi takßi (=) *(s)*
Tee tschaj *(Ez)*
Telefon telefon (-y)
telefonieren dsw/onyty (-on'u, -onysch) *(II.)*; telefon/uwaty (-uju)
teuer (Preis) dorohyj
Theater teatr (-y)
Theaterkarte kwyt/ok (-ky)
tief hlybokyj
Tier twaryn/a (-y) *(w)*
Tochter dotschka (dotschky) *(w)*
Tod ßmert' (-i) *(w)*
Toilette tualet (-y)
Toilettenpapier tualetnyj papir *(Ez)*
tot mertwyj
töten ubywaty
Tourist turyßt (-y)
Touristin turyßtk/a (-y) *(w)*
Tradition tradyzij/a (-i) *(w)*
tragen neß/ty (-u, -esch)
traurig ßumnyj
treffen sußtritschaty; **sich t.** sußtritschatyß'a
Treppe ßchody *(Mz)*
trinken pyty (pju, pjesch)
Trinkgeld tschajowi *(Mz)*
trocken ßuchyj
tschüss! buwaj! *(Ez)*, buwajte! *(Mz)*
tun rob/yty (-l'u, robysch) *(II.)*; srob/yty (-l'u) *(II., v)*
Tür dweri *(Mz)*
Turm wesh/a (-i) *(w)*

U

über (örtl.) po *(+ 3.)*, tscheres *(+ 4.)*; **(zeitl.)** tscheres *(+ 4.)*
überall ßkris'
überflüssig nepotribnyj
übernachten notsch/uwaty (-uju); perenotsch/uwaty (-uju) *(v)*
übersetzen perekladaty; perekla/ßty (-du) *(v)*
Übersetzer perekladatsch (-i)

Überweisung (Bank) hroschow/yj perekas (-i ... -y)
Uhr hodynnyk (-y)
um (zeitl.) o *(+ 3.)*; **u. zu** schtschob
Umleitung objisd (-y)
umtauschen min'aty; pomin'aty *(v)*
Umweg obch/id (-ody)
Umwelt nawkolyschnij ßwit *(Ez)*
unbekannt newidomyj
und i, ta
Unfall neschtschaßnyj wypad/ok (-i ... -ky)
ungefähr pryblysno
Universität uniwerßytet (-y)
unschuldig newynnyj
unten wnysu
unter pid *(+ 5.)*
unterhalten, sich (über) rosmowl'aty (s + 5.)
Unterkunft pryjut *(Ez)*
unterrichten wykladaty
unterschreiben pidpyßu/waty (-ju); pid/pyßaty (-pyschu, -pyschesch) *(v)*
Urlaub widpußtka *(w Ez)*

V

Vater bat'k/o (-y)
verabreden domowl'aty; **sich v.** domowl'atyß'a
Verabredung domowlen/ißt' (-oßti) *(w)*
verabschieden, sich proschtschatyß'a
Verantwortung widpowidal'nißt' *(w Ez)*
verboten: es ist v. saboroneno
Verbrechen slotsch/yn (-ny)
verdienen (Geld) sarobl'aty (hroschi)
vergessen sabuwaty; sabuty *(v)*
vergnügen, sich weßel/ytyß'a (-'uß'a) *(II.)*
verirren, sich sabludy/tyß'a *(Verg.: -wß'a) (II., v)*
verkaufen proda/waty (-ju)
verleihen (etw.) posytschaty
verletzt poranenyj
Verletzung poranenn'a (=) *(s)*
verlieben, sich sakocha/tyß'a *(Verg.: -wß'a) (v)*
verlieren (etw.) sahuby/ty *(Verg.: -w) (II., v)*
vermieten sda/waty (-ju) wnajmy
Vermittlung poßerednyztw/o (-a) *(s)*
Versicherung ßtrachuwann'a (=) *(s)*
verspäten, sich sapisn/'uwatyß'a (-ujuß'a); sapisn/ytyß'a (-'uß'a) *(II., v)*
verstehen rosumity
versuchen probu/waty (-ju)
viel bahato
vielleicht moshlywo
Volk narod (-y)
voll pownyj
von (örtl.) s *(+ 2.)*, wid *(+ 2.)*
vor pered *(+ 5.)*
vorbeikommen sachod/yty (-shu) *(II.)*; saj/ty (-du, sajdesch) *(v)*
vorbereiten hot/uwaty (-uju); pryhot/uwaty (-uju) *(v)*
vorher ranische
vormittags do obidu
Vorname im/ja (-ena) *(s)*
vorschlagen propon/uwaty (-uju)
vorstellen (jmd.) posnajom/yty (-l'u) *(II.)*; **sich v.** posnajom/ytyß'a (-l'uß'a) *(II.)*

W

Waggon (Zug) wahon (-y)
wahr prawdywyj
während pid tschaß *(+ 2.)*
Wahrheit prawda *(w Ez)*

Wald liß (-y)
Wand ßtina (ßtiny) *(w)*
wandern mandr/uwaty (-uju)
wann? koly?
Ware towar (-y)
warm teplyj
warten tschekaty
warum? tschomu?
was? schtscho?
waschen my/ty (-ju, -jesch);
sich w. my/tyß'a (-juß'a)
Wäscherei pral'n'a (-i) *(w)*
Wasser woda (wody) *(w)*
Watte wata *(w Ez)*
wechseln (Geld) rosmin'u/waty (-ju); rosmin'aty *(v);*
(Wäsche) smin'u/waty (-ju); smin'aty *(v)*
wecken bud/yty (-shu, budesch) *(II.);* rosbud/yty (-shu) *(II., v)*
weder ... noch ni ... ni
Weg doroh/a (-y) *(w)*
wegen sarady *(+ 2.)*
weil bo
weinen pla/katy (-tschu)
weit daleko
welcher? jakyj?
wenden, sich (an) swertatyß'a (do + 2.)
wenig malo;
ein w. trochy
wenn (als) koly;
(falls) jakschtscho
wer? chto?
werden bu/ty (-du)
Werkstatt majßtern/'a (-i) *(w)*
Westen sachid *(Ez)*
Wetter pohoda *(w Ez)*
wichtig washlywyj
wie (Vergleich) jak;
w.? jak?;
w. viel? ßkil'ky?
wieder snowu
wiederholen powtor'u/waty (-ju); pow/toryty (-tor'u, -torysch) *(II., v)*
Wind wit/er (-ry)
Winter syma (symy) *(w)*
wissen sna/ty (-ju)
wo? de?
Woche tysh/den' (-ni)
wohnen meschkaty
Wohnung kwartyr/a (-y) *(w)*
wollen chotity (chotschu)
Wort ßlow/o (-a) *(s)*
Wörterbuch ßlownyk (-y)
Wunde ran/a (-y) *(w)*
wunderbar tschudowyj
wünschen bashaty

Z

zahlen (be-) plat/yty (-schu, platysch) *(II.);* saplat/yty (-schu, -platysch) *(II., v)*
Zahnarzt subn/yj likar (-i ... -i)
Zahnpasta subn/a paßt/a (-i ... -y) *(w)*
zeigen pokasu/waty (-ju); pok/asaty (-ashu, -ashesch) *(v)*
Zeit tschaß (-y)
Zeitung haset/a (-y) *(w)*
Zentrum zentr (-y)
Zigarette ßyhare/ta (-y) *(w)*
Zimmer kimnat/a (-y) *(w)*
Zoll mytnyz/'a (-i) *(w)*
zu do *(+ 2.);*
z. viel sabahato
zufrieden sadowolenyj
Zug pojisd (-y); potjah (-y)
zurück nasad
zusammen rasom
zwischen mish *(+ 5.)*

Wörterliste Ukrainisch – Deutsch

A

a aber
abo oder
adreß/a (-y) (w) Adresse
aeroport (-y) Flughafen
ale aber
alkogol (Ez) Alkohol
Anhlija (w) England
anhlijß'kyj englisch
aptek/a (-y) (w) Apotheke
awarij/a (-i) (w) Panne
Awßtrija (w) Österreich
awßtrij/ez' (-zi) Österreicher
awßtrijk/a (-y) (w) Österreicherin
awßtrijß'kyj österreichisch
awtobuß (-y) Bus
awtomobil/' (-i) Auto
awtoßtrad/a (-y) (w) Autobahn

B

bab/a (-y) (w) Alte
babuß'/a (-i) (w) Großmutter
bahash (Ez) Gepäck
bahato viel
bahatyj reich
bank (-y) Bank (Geld)
basar (-y) Markt
bashaty wünschen
batarejk/a (-y) (w) Batterie
bat'k/o (-y) Vater;
bat'ky (Mz) Eltern
batsch/yty (-u) (II.) sehen;
batschytyß'a sich sehen
bensokolonk/a (-y) (w) Tankstelle
bensyn (Ez) Benzin
bes (+ 2.) ohne
besplatnyj kostenlos
bidnyj arm
biha/ty (-ju) laufen, rennen
bil' (boli) Schmerz
bil'a (+ 2.) neben
bil'sche mehr
bjuro (=) (s) Büro;
b. podoroshej Reisebüro
blys'kyj nah
bo weil
boh (-y) Gott
boj/atyß'a (-uß'a, -ischß'a) (II.) sich fürchten (vor)
bol/ity (3. Ez: **-yt'**, 3. Mz: **-'at'**) (II.) schmerzen
brat (-y) Bruder
braty (beru, beresch) nehmen
brudnyj schmutzig
bu/duwaty (-duju) bauen
budyn/ok (-ky) Haus
bud/yty (-shu, budesch) (II.) wecken
buty sein (Verb); werden;
b. w poru passen (Kleidung)
bynt (-y) Binde
byty (bju, bjesch) schlagen

Ch

chas'a/jin: ch. domu (-ji ...) Hausherr
chlib (-y) Brot
chlop/ez' (-zi) Junge
chod/yty (-shu, chodysch) (II.) gehen (hin und her)
cholodnyj kalt
chotity (chotschu) wollen
chtoß' jemand
chudyj dünn
chworob/a (-y) (w) Krankheit
chworyj krank
chwylyn/a (-y) (w) Minute

D

dach (-y) Dach
d'ad'/ko (-ky) Onkel
d'akuju danke
d'aku/waty (-ju) danken
daleko weit weg
dalekyj fern
daty (dam, daßy) (v) geben
da/waty (-ju, -jesch) geben
defekt (-y) Fehler
dejaki einige
dekil'ka paar
den' (dni) Tag;
d. narodshennja Geburtstag
der/ewo (-ewa) (s) Holz; Baum

dersh/aty (-u, dershysch) (II.) halten (in der Hand)
deschewyj billig
didußʼ (-i) Großvater
dijßnyj gültig
dim (domy) Haus
dirk/a (-y) (w) Loch
diwtsch/yna (-ata) (w) Fräulein, Mädchen
dlʼa (+ 2.) für
do (+ 2.) bis, zu
dobryj gut
dobyratyßʼa hingelangen
dokument (-y) Dokument
dolyn/a (-y) (w) Tal
domohoßpodark/a (-y) (w) Hausfrau
domowlʼatyßʼa sich verabreden
domowlen/ißtʼ (-oßti) (w) Verabredung
dopomahaty helfen
dopomoha (w Ez) Hilfe; **schwydka d.** Erste Hilfe; Rettungswagen
dopom/ohty (-oshu, -oshesch) (v) helfen
dopytlywyj neugierig
doroh/a (-y) (w) Weg
dorohyj teuer (Preis)
doschtsch (-i) Regen
doßytʼ genug
doswil (Ez) Erlaubnis
doswolʼaty erlauben
dotschka (dotschky) (w) Tochter
dowhyj lang(e)
dowidk/a (-y) (w) Auskunft
dr/uh (-usi) Freund
drushyn/a (-y) (w) Ehefrau
dsw/onyty (-onʼu, -onysch) (II.) telefonieren
dumaty denken
dushe sehr
dweri (Mz) Tür
dyßkotek/a (-y) (w) Diskothek
dytyna (dity) (w) Kind
dyw/ytyßʼa (-lʼußʼa, dywyschßʼa) (II.) sehen

E

ekonom/yty (-lʼu, -ysch) (II.) sparen
ekßkurßij/a (-i) (w) Führung

F

fabryk/a (-y) (w) Fabrik
farb/a (-y) (w) Farbe
filʼm (-y) Film
flirt/uwaty (-uju) flirten
formulʼar (-y) Formular
fotoaparat (-y) Fotoapparat
fotohraf/uwaty (-uju) fotografieren
Franzija (w) Frankreich
franzus (-y) Franzose
franzushenk/a (-y) (w) Französin
franzusʼky französisch
frukt (-y) Frucht

H

harʼatschyj heiß (Getränk)
harnyj schön
has (-y) Gas
haset/a (-y) (w) Zeitung
heohrafitschn/a kart/a (-i … -y) (w) Landkarte
hihijena (w Ez) Hygiene
hißtʼ (hoßti) Gast
hlybokyj tief
hnylyj faul (Obst)
hodyn/a (-y) (w) Stunde
hodynnyk (-y) Uhr
holk/a (-y) (w) Nadel
holodnyj hungrig
holoß (-y) Stimme
holoßnyj laut
holyj nackt
hor/a (hory) (w) Berg
horilk/a (-y) (w) Schnaps
hor/ity (3. Ez: **-ytʼ**, 3. Mz: **-ʼatʼ**) (II.) brennen
hoßpodar (-i) Gastgeber
hoßtynißtʼ (w Ez) Gastfreundschaft
hotelʼ (-i) Hotel
hotiwk/a (-y) (w) Bargeld
hotowyj fertig
hot/uwaty (-uju) vorbereiten
how/oryty (-orʼu, -orysch) (II.) sprechen, reden, sagen

hrafik (-y) Fahrplan
hram (-y) Gramm
hramplaßtynk/a (-y) (w) Schallplatte
hromad'ank/a (-y) (w) Staatsbürgerin
hromad'/anyn (-any) Staatsbürger
hrosa (hrosy) (w) Gewitter
hroschi (Mz) Geld
hroschow/yj perekas (-i ... -y) Überweisung (Bank)
hrup/a (-y) (w) Gruppe
hul'aty spazierengehen

I

i und
im/ja (-ena) (s) (Vor-)Name
industrija (w Ez) Industrie
inkoly manchmal
inosem/ez' (-zi) Ausländer
inosemk/a (-y) (w) Ausländerin
is (+ 2.) aus
ißtorija (w Ez) Geschichte (histor.)
ity (idu, idesch) gehen (in eine Richtung)

J

jajze (jajz'a) (s) Ei
jak wie, als (auch Vgl.)
jak/ißt' (-oßti) (w) Qualität
jakschtscho wenn, falls
ji/chaty (-du, -desch) fahren (best. Richtung)
jidal'n/'a (-i) (w) Gaststätte
ji/sdyty (-shdshu, -sdysch) (II.) fahren (hin und her)
jißty (jim, jißy) essen

K

kam/in' (-ni) Stein
kanikuly (Mz) Ferien
kart/a (-y) (w) Karte, Landkarte
kartyn/a (-y) (w) Bild
kaß/a (-y) (w) Kasse
kawa (w Ez) Kaffee (Getränk)
kil'kißt' (w Ez) Menge
kimnat/a (-y) (w) Zimmer
kin/ez' (-zi) Ende
kino (=) (s) Kino
kla/ßty (-du) legen
kl'utsch (-i) Schlüssel
knyshk/a (-y) (w) Buch
kofe (s Ez) Kaffee (Produkt)
kol/eßo (-eßa) (s) Rad
koly wenn, als (zeitl.)
konßul'ßtw/o (-a) (s) Konsulat
kontrol/'uwaty (-'uju) kontrollieren
konwert (-y) Briefumschlag
konzert (-y) Konzert
korab/el' (-li) Schiff
kordon (-y) Grenze
korotkyj kurz
koryßt/uwatyß'a (-ujuß'a) (+ 5.) nutzen
koschtu/waty (-je) kosten (Preis)
koshnyj jeder
kradishk/a (-y) (w) Diebstahl
kraj (-i) Gebiet
krajina (-y) (w) Land
kraschtsche besser
krim (+ 2.) außer
krytschaty schreien, rufen
kupatyß'a baden
kupe (=) (s) Abteil (Zug)
kup/uwaty (-uju) kaufen
kup/yty (-l'u, kupysch) (II., v) kaufen
kur/yty (-'u, kurysch) (II.) rauchen
kuscht/uwaty (-uju) kosten
kwartyr/a (-y) (w) Wohnung
kwyt/ok (-ky) Eintrittskarte, Fahrkarte, Ticket

L

lamp/a (-y) (w) Lampe
landschaft (-y) Landschaft
law/a (-y) (w) Sitzbank
lehkyj leicht

lejkoplaßtyr (Ez) Heftpflaster
lesh/aty (-u) (II.) liegen
likar (-i) Arzt
likarn/'a (-i) (w) Krankenhaus
li/kuwaty (-kuju) behandeln (Krankheit)
linywyj faul, träge
lishk/o (-a) (s) Bett
liß (-y) Wald
litak (-y) Flugzeug
litaty fliegen
lit/o (-a) (s) Sommer
liworutsch links
l'ub/yty (-l'u, l'ubysch) (II.) lieben
l'udy (Mz) Leute
l'udyna (l'udy) (w) Mensch
lyßt (-y) Brief
lyßt/uwatyß'a (-ujuß'a) sich schreiben

M

mahasyn (-y) Geschäft
majdan (-y) Platz (Stadt)
majßtern/'a (-i) (w) (Auto-)Werkstatt
malo wenig
mal'/uwaty (-uju) malen
malyj klein
mam/a (-y) (w) Mutter
mandr/uwaty (-uju) wandern
map/a (-y) (w) (Land-)Karte
mas/' (-i) (w) Salbe
maschyn/a (-y) (w) Fahrzeug
maßlo (s Ez) Öl (Auto)
ma/ty (-teri) (w) Mutter
maty haben;
m. prawo dürfen
medykament (-y) Medikament
men'u (=) (s) Speisekarte
mersnuty frieren
mertwyj tot
meschkaty wohnen
min'aty umtauschen
mish (+ 5.) zwischen
mishnarodnyj international
miß'az/' (-i) Monat
mißt (moßty) Brücke
mißt/o (-a) (s) Stadt
mißz/e (-'a) (s) Stelle, Ort, (Sitz-)Platz
miznyj stark (Kaffee)
mjaßo (s Ez) Fleisch
moda (w Ez) Mode
mo/hty (-shu) können
mokryj nass
molodij jung
mor/e (-'a) (s) Meer
morosywo (s Ez) Speiseeis
moshlywo vielleicht; möglich (Umst.)
moshna man darf
motor (-y) Motor
motozykl (-y) Motorrad
mow/a (-y) (w) Sprache
musej (-i) Museum
mußyty (muschu) (II.) müssen, sollen
musyka (w Ez) Musik
myr (Ez) Frieden
myßteztw/o (-a) (s) Kunst
mytnyz/'a (-i) (w) Zoll
myto (s Ez) Gebühr
my/ty (-ju, -jesch) waschen;
mytyß'a sich waschen

N

na (+ 4.) in, nach (Richtung); (+ 6.) in (Ort), auf
nadijnyj sicher
nap/ij (-oji) Getränk
napr'am (-y) Richtung
nareschti endlich
narod (-y) Volk
nasad zurück
naßelen/yj punkt (-i ... -y) Ort(schaft)
nasywatyß'a heißen
natural'nyj natürlich
nawkolyschnij ßwit (Ez) Umwelt
nawproty (+ 2.) gegenüber
nawtschaty lehren;
nawtschatyß'a lernen
nazional'n/ißt' (-oßti) (w) Nationalität
nebespetschnyj gefährlich
neobchidnyj notwendig
neodrushenyj ledig
nepotribnyj überflüssig
neprawyl'nyj falsch
nerosumnyj dumm
nesabarom bald
nesabutnij unvergesslich

Wörterliste Ukrainisch – Deutsch

neschtschaßn/yj wypad/ok (-i ... -ky) Unfall
neß/ty (-u, -esch) tragen (in der Hand)
newidomyj unbekannt
newynnyj unschuldig
ni nein; nicht
nichto ... ne niemand
nide ... ne nirgendwo
nikoly ... ne niemals
nikudy ... ne nirgendwohin
Nimetschtschyna (w) Deutschland
nim/ez' (-zi) Deutscher
nimez'kyj deutsch
nimken/'a (-i) (w) Deutsche
nitsch (notschi) (w) Nacht
nitschoho ... ne nichts
noha (nohy) (w) Fuß, Bein
nomer (-y) Nummer
normal'nyj normal
noshnyzi (Mz) Schere
noßyty (noschu, noßysch) (II.) tragen (Kleidung)
notsch/uwaty (-uju) übernachten
nowyj neu
nudnyj langweilig
nys'kyj niedrig
nytk/a (-y) (w) Faden

O

o (+ 3.) um (Zeit)
obch/id (-ody) Umweg
obid (-y) Mittag
obidaty Mittag essen
objisd (-y) Umleitung
obman'/uwaty (-uju) betrügen
obrashaty beleidigen
ochotsche gern
odershu/waty (-ju) erhalten
odjah (Ez) Kleidung
odne odnoho einander
odyn ein; allein;
o. ras einmal
ofiziant (-y) Kellner
ofiziantk/a (-y) (w) Kellnerin
ohl'adaty besichtigen
ohl'anuty (v) besichtigen
okolyz/'a (-i) (w) Umgebung
okul'ary (Mz) Brille
olija (w Ez) (Speise-)Öl
oliw/ez' (-zi) Bleistift
orhanis/uwaty (-uju) organisieren
osero (osera) (s) See
oßin' (w Ez) Herbst
oßtr/iw (-owy) Insel
otrut/a (-y) (w) Gift
owotschi (Mz) Gemüse

P

paket (-y) Paket
palaz (-y) Palast
pal/yty (-'u, palysch) (II.) rauchen
pam'ataty sich erinnern
pam'atnyk (-y) Denkmal
pan (-y) Herr (Anrede)
pani (=) (w) Frau (Anrede)
papir (Ez) Papier;
papery (Mz) Dokumente
par/a (-y) (w) Paar
park (-y) Park
park/uwaty (-uju) parken
paßport (-y) Reisepass
pauß/a (-y) (w) Pause
pazijent (-y) Patient
perebuwaty sich aufhalten
pered (+ 5.) vor
perekladatsch (-i) Dolmetscher
perekladaty übersetzen
perekla/ßty (-du) (v) übersetzen
perenotsch/uwaty (-uju) (v) übernachten
pererw/a (-y) (w) Pause
pereßta/waty (-ju) aufhören
peron (-y) Bahnsteig
perßon/a (-y) (w) Person
perukarn/'a (-i) (w) Friseur
petschywo (s Ez) Gebäck
pid (+ 5.) unter;
p. tschaß (+ 2.) während
piddanßtw/o (-a) (s) Staatsangehörigkeit
pidn/'aty (-imu) (v) (hoch)heben
pidnimati (hoch)heben

pid/pyßaty (-pyschu, -pyschesch) (v) unterschreiben
pidpyßu/waty (-ju) unterschreiben
pischky zu Fuß
pisno spät (Umst.)
pißl'a (+ 2.) nach; **p. obidu** Nachmittag
piwden' (Ez) Süden
piwnitsch (w Ez) Norden
pjanyj betrunken
pla/katy (-tschu) weinen
plan (-y) Plan; **p. mißta** Stadtplan
pl'aschk/a (-y) (w) Flasche
platform/a (-y) (w) Bahnsteig
plat/yty (-schu, platysch) (II.) (be)zahlen
plawaty schwimmen
plazkart/a (-y) (w) Platzkarte
pliwk/a (-y) (w) Film
ploschtsch/a (-i) (w) Platz (in der Stadt)
po (+ 3.) über (örtl.); durch (quer)
podarun/ok (-ky) Geschenk
podat/ok (-ky) Gebühr
podobatyß'a gefallen
podorosh (-i) (w) Reise
podorosh/uwaty (-uju) reisen
podruh/a (-y) (w) Freundin
podrush'a (=) (s) Ehepaar
pohanyj schlecht
pohoda (w Ez) Wetter
pojaßn'u/waty (-ju) erklären
pojisd (-y) Zug
pojisdk/a (-y) (w) Reise
pok/asaty (-ashu, -ashesch) (v) zeigen
pokasu/waty (-ju) zeigen
pokla/ßty (v) legen
poky bevor
pol/e (-'a) (s) Feld
polityka (w Ez) Politik
polizejß'k/yj (-i) Polizist
polizij/a (-i) (w) Polizei
poloshenn'a (=) (s) Lage (geograph.)
polowyn/a (-y) (w) Hälfte
pol'/uwaty (-uju) jagen
pomin'aty (v) (um)tauschen (etw.); **pomin'atyß'a** (v) tauschen (mit jmd.)
pomyl'atyß'a sich irren
pomylk/a (-y) (w) Fehler
pomyraty sterben
ponoß Durchfall
poobidaty (v) zu Mittag essen
poranenn'a (=) (s) Verletzung
poranenyj verletzt
porom (-y) Fähre
port (-y) Hafen
posadu dahinter
posdorowl'aty gratulieren
poscht/a (-y) (w) Post(amt)
poshesh/a (-y) (w) Brand
posnajom/yty (-l'u) (II.) vorstellen (jmd.); **posnajomytyß'a** sich vorstellen
poßnidaty (v) frühstücken
poßol'ßtw/o (-a) (s) Botschaft (diplomat.)
poßpischaty sich beeilen
poßtaw/yty (-l'u, -ysch) (II., v) stellen
poßylaty schicken
posytschaty (u + 2.**)** verleihen, sich leihen (von)
potim danach
potity schwitzen
potjah (-y) Zug
potre/buwaty (-buju) brauchen
potschut'a (=) (s) Gefühl
potschuwaty ßebe sich fühlen
potschynaty(ß'a) anfangen, beginnen
powerch (-y) Etage
powidoml'aty mitteilen, benachrichtigen
powidomlenn'a (=) (s) Nachricht
powidom/yty (-l'u, -ysch) (II., v) mitteilen
powil'nyj langsam
powitr'a (s Ez) Luft
pownyj voll
powtor'u/waty (-ju) wiederholen

pow/torytv (-tor'u, -torysch) (II., v) wiederholen
pral'n'a (-i) (w) Wäscherei
pr'amo geradeaus
prawda (w Ez) Wahrheit
praw/o (-a) (s) Recht
praworutsch rechts
prawyl'no richtig (Umst.)
praz'/uwaty (-uju) arbeiten
priswyschtsch/e (-a) (s) Nachname
problem/a (-y) (w) Problem
probu/waty (-ju) versuchen
prochann'a (=) (s) Bitte
prochaty bitten
procholodnyj kühl
proda/waty (-ju) verkaufen
profeßij/a (-i) (w) Beruf
prohram/a (-y) (w) Programm
prohul'atyß'a (v) spazierengehen
proj/ty (-du, projdesch) (v) durchgehen
propon/uwaty (-uju) vorschlagen
proschtschatyß'a sich verabschieden
proßpekt (-y) Prospekt
proßtyj einfach
proßynatyß'a aufwachen
proty (+ 2.) gegen
prowidnyk (-y) Schaffner
prowul/ok (-ky) Gasse
pryblysno ungefähr, etwa
prybuwaty ankommen
prybu/ty (-du) ankommen
prychod/yty (-schu) (II., v) ankommen
pryhot/uwaty (-uju) (v) vorbereiten
pryji/chaty (-du, -desch) (v) ankommen
pryjisd (Ez) Ankunft
pryjmaty (hoßtej) (v) empfangen (Gäste); **p. dusch** duschen
pryjut (Ez) Unterkunft
pryklad (-y) Beispiel
prykraß/a (-y) (w) Schmuck
prymischtschenn'a (=) (s) Raum
pryneß/ty (-u, -esch) (v) bringen
pryn/oßyty (-oschu, -oßysch) (II.) bringen
pryroda (w Ez) Natur
prywatnyj privat
prywitnyj freundlich
pußtyj leer
pyßaty (pyschu, pyschesch) schreiben
pytann'a (=) (s) Frage
pyty (pju, pjesch) trinken; **chotschez'a p.** Durst haben
pywnyz/'a (-i) (w) Kneipe
pywo (s Ez) Bier

R

rachun/ok (-ky) Rechnung
rach/uwaty (-uju) rechnen
radu/watyß'a (-juß'a) sich freuen
ran/a (-y) (w) Wunde
ranische vorher
rano früh
ran/ok (-ky) Morgen
raptom plötzlich
rasom zusammen
rehul'arno regelmäßig (Umst.)
rekomend/uwaty (-uju) empfehlen
remont (-y) Reparatur
remont/uwaty (-uju) reparieren
reserw/uwaty (-uju) reservieren
reßtoran (-y) Restaurant
ridko selten (Umst.)
rik (roky) Jahr
ritsch (retschi) (w) Ding
ritschk/a (-y) (w) Fluss
rob/yty (-l'u, robysch) (II.) machen, tun
rosbud/yty (-shu) (II., v) wecken
rosd'ahatyß'a sich ausziehen
rosmin'aty (v) wechseln
rosmin'u/waty (-ju) wechseln
rosmir (-y) Größe (Kleidung)

rosmowl'aty (s + 5.) sich unterhalten (über)
rospor'ad/ok (-ky) pojisdiw Fahrplan
rospowidaty erzählen
rosumity verstehen
rosumnyj klug
r'ukßak (-y) Rucksack
ryb/a (-y) (w) Fisch
ryn/ok (-ky) Markt

S (ß)

s (+ 2.) seit; aus, von (Ort); (+ 5.) mit
sa (+ 4.) für; in (zeitl.); (+ 5.) hinter
sabahato zu viel
sabludy/tyß'a (Verg.: **-wß'a)** (II., v) sich verirren
saboroneno es ist verboten
sabron/uwaty (-uju) (v) buchen
sabuty (v) vergessen
sabuwaty vergessen
sachid (Ez) Westen
sachod/yty (-shu) (II.) vorbeikommen, eintreten
sadowolenyj zufrieden
sahuby/ty (Verg.: **-w)** (II., v) verlieren (etw.)
saj/ty (-du, sajdesch) (v) vorbeikommen
sakintschu/waty (-ju) beenden
sakocha/tyß'a (Verg.: **-wß'a)** (v) sich verlieben
sakon (-y) Gesetz
sakordon Ausland
sakryty (v) schließen
sakrywaty schließen
sakur/yty (-'u, sakurysch) (II., v) rauchen
salisnyz'/a (-i) (w) Eisenbahn
salyschatyß'a bleiben
samißt' (+ 2.) anstatt
sam/ok (-ky) Burg, Schloss
samowl'aty bestellen
samowlenn'a (=) (s) Bestellung
samow/yty (-l'u, -ysch) (v) bestellen
sapam'ataty sich merken
sapaßn/a detal/' (-i ... -i) (w) Ersatzteil
sapisn/'uwatyß'a (-ujuß'a) sich verspäten
sapisn/ytyß'a (-'uß'a) (II., v) sich verspäten
sapla/ta (-y) (w) Lohn, Gehalt
sa/platyty (-platschu, -platysch) (II., v) bezahlen
saprawk/a (-y) (w) Tankstelle
saproschenn'a (=) (s) Einladung
saproschu/waty (-ju) einladen
sapytaty (v) fragen
sapytu/waty (-ju) fragen
sarady (+ 2.) wegen
saras sofort
sarejeßtr/uwaty (-uju) registrieren
sarobl'aty (hroschi) (Geld) verdienen
saßtudytyß'a (v) sich erkälten
sate dafür
satyschnyj gemütlich
sawashaty stören
sawshdy immer
sawtra morgen
sbyraty sammeln
schef (-y) Chef
schkol/a (-y) (w) Schule
schowk (-y) Seide
schtraf (-y) Strafe
schtraf/uwaty (-uju) bestrafen
schtschaßt'a (s Ez) Glück
schtsche noch; **schtsche ras** noch einmal
schtscho dass
schtschob damit, um zu
schtschodn'a täglich
schtscho-nebud' etwas
schtschorasy jedes Mal
schtschoritschnyj jährlich
schtuk/a (-y) (w) Stück
schukaty suchen
schwejzar/ez' (-zi) Schweizer
Schwejzarija (w) Schweiz
schwejzark/a (-y) (w) Schweizerin

Wörterliste Ukrainisch – Deutsch

schwejzarß'kyj schweizerisch
schwydkyj schnell
schyn/a (-y) (w) Reifen
schyrokyj breit
sda/waty wnajmy (-ju) vermieten
sdorowja (s Ez) Gesundheit
sdorowyj gesund
semlja (w Ez) Erde
shal' schade
sharkyj heiß (Wetter)
shink/a (-y) (w) Frau
shinotschyj weiblich
s-hodnyj einverstanden
showtyj gelb
shyt'a (=) (s) Leben
shytel/' (-i) Einwohner
shyty leben
si (+ 5.) mit
sjißty (sjim, sjißy) (v) essen
slotsch/yn (-ny) Verbrechen
smija (smiji) (w) Schlange
smin'aty (v) wechseln (Wäsche)
smin'u/waty (-ju) wechseln (Wäsche)
snachod/yty (-shu, -ysch) (II.) finden; **snachod/ytyß'a (-shuß'a, -yschß'a)** (II.) sich befinden
snajom/ytyß'a (-l'uß'a, -yschß'a) (II.) sich bekannt machen
snaj/ty (-du, snajdesch) (II., v) finden
snamenytyj berühmt
sna/ty (-ju) wissen, kennen
snimaty mieten
snowu wieder
soloto (s Ez) Gold
sowßim vollkommen (Umst.)
srob/yty (-l'u) (II., v) machen, tun
ßad (-y) Garten
ßam selbst
ßchid (Ez) Osten
ßchody (Mz) Treppe
ßekund/a (-y) (w) Sekunde
ßel'/anyn (-any) Bauer
ßelo (ßela) (s) Dorf
ßerdetschnyj herzlich
ßerebro (s Ez) Silber
ßeßtra (ßeßtry) (w) Schwester
ßidaty sich setzen; **(w + 4.)** einsteigen (in)
ßil' (ßoli) (w) Salz
ßimja (ßimji) (w) Familie
ßirnyk (-y) Streichholz
ßißty (ß'adu, ß'adesch) (v) sich setzen
ß'ohodni heute
ßkarshytyß'a (II.) sich beschweren
ßka/saty (-shu, ßkashesch) (v) sagen
ßkladnyj kompliziert
ßkl'ank/a (-y) (w) (Trink-)Glas
ßkris' überall
ßkydk/a (-y) (w) Ermäßigung
ßlow/o (-a) (s) Wort
ßlownyk (-y) Wörterbuch
ßluchaty hören
ßmatschnyj schmackhaft
ßmert' (-i) (w) Tod
ßmij/atyß'a (-uß'a) **(nad** + 5.**)** lachen (über)
ßnidaty frühstücken
ßnih (Ez) Schnee
ßolodkyj süß
ßonze (s Ez) Sonne
ßpal'n'/a (-i) (w) Schlafzimmer
ßpaty (ßpl'u, ßpysch) (II.) schlafen
ßperetschatyß'a streiten
ßpilyj reif
ßpiwaty singen
ßpodiwatyß'a hoffen
ßpokij (Ez) Ruhe
ßport (Ez) Sport
ßpraw/a (-y) (w) Ding, Sache
ßprawshnij echt
ßtadion (-y) Stadion
ßtaranyj fleißig
ßtaryj alt
ßtaw/yty (-l'u, -ysch) (II.) stellen
ßtina (ßtiny) (w) Wand
ßtojank/a (-y) (w) Parkplatz
ßto/jaty (-ju, -jisch) (II.) stehen
ßtomlenyj müde
ßtrach (-y) Angst
ßtrachuwann'a (=) (s) Versicherung
ßtraw/a (-y) (w) Essen
ßtril'aty schießen
ßtudent (-y) Student
ßuchyj trocken

ß'udy hierher
ßum/a (-y) (w) Summe
ßumk/a (-y) (w) Tasche
ßumnyj traurig
ßup (-y) Suppe
ßuprowodshu/waty (-ju) begleiten
ßw'at/kuwaty (-kuju) feiern
ßw'at/o (-a) (s) Feier, Fest
ßwishyj frisch (Obst)
ßwitlo (s Ez) Licht
ßwitlyj hell
ßy/dity (-shu, -dysch) (II.) sitzen; passen (Kleidg.)
ßyhare/ta (-y) (w) Zigarette
ßyl'nyj stark (Regen)
ßyn (-y) Sohn
ßyryj roh
ßytyj satt
subn/yj likar (-i ... -i) Zahnarzt
supyn'atyß'a (an)halten (z. B. Auto)
supynk/a (-y) (w) Haltestelle
su/pynytyß'a (-pyn'uß'a, -pynyschß'a) (II., v) anhalten
sußtritschaty treffen, abholen; **sußtritschatyß'a** sich treffen
swaty (sowu) rufen
swertatyß'a (do + 2.) sich wenden (an)
sworotna put' (w Ez) Rückfahrt
swykaty gewöhnen
swytschaj (-i) Brauch
swytschajno gewöhnlich (Umst.)
syma (symy) (w) Winter

T

ta und
tabletk/a (-y) (w) Tablette
tak ja; so
takßi (=) (s) Taxi
tam dort, da
tanz'/uwaty (-uju) tanzen
teatr (-y) Theater
telefon (-y) Telefon
telefon/uwaty (-uju) telefonieren
telewisor (-y) Fernsehgerät
temnyj dunkel
teper jetzt
teplyj warm
terminowo dringend (Umst.)
tesh auch
tichyj leise
til'ky nur
tißnyj eng
titk/a (-y) (w) Tante
todi dann
toj jener
tomu deshalb
torhiwl'a (w Ez) Handel
totschnyj pünktlich, genau
towar (-y) Ware
towßtyj dick
tradyzij/a (-i) (w) Tradition
tramwaj (-i) Straßenbahn
treba sollen
tren/uwaty (-uju) üben
trochy ein bisschen
trymaty halten (in der Hand)
trywa/ty (3. Ez: **-je;** 3. Mz: **-jut')** dauern
tschaj (Ez) Tee
tschajowi (Mz) Trinkgeld
tschaß (-y) Zeit; **pid tsch.** (+ 2.) während
tschaßto oft
tschek (-y) Scheck
tschekaty warten
tschemnyj höflich
tscheres (+ 4.) über, in (zeitl.), durch (quer)
tscholowik (-y) Ehemann
tschow/en (-ny) Boot
tschudowyj wunderbar, ausgezeichnet
tschushyj fremd
tschuty hören
tschy ob
tsch/yßlo (-yßla) (s) Datum
tschyßtyj sauber
tschy/ßtyty (-schtschu, -ßtysch) (II.) säubern
tschytaty lesen
tualet (-y) Toilette
tudy dorthin
turyßt (-y) Tourist
turyßtk/a (-y) (w) Touristin
tut hier, da

t'ut'un (Ez) Tabak
twaryn/a (-y) (w) Tier
twerdyj hart, fest
tysh/den' (-ni) Woche

U

u (+ 2.) bei; (+ 4.) in, nach (Richtg.); (+ 6.) in (Ort)
ubywaty töten
uhori oben
ukol: da/waty (-ju) u. spritzen (Med.)
umity können
uniwermah (-y) Kaufhaus
uniwerßytet (-y) Universität
ushe schon
ußpich (-y) Erfolg
ußtanow/a (-y) (w) Behörde

W

w (+ 4.) in, nach (Richtg.); (+ 6.) in (Ort)
waha (w Ez) Gewicht
wahitna schwanger
wahon (-y) Waggon (Zug)
wal'uta (w Ez) Devisen
wann/a (-y) (w) Badezimmer
wartißt' projisdu (w Ez) Fahrpreis
waryty (war'u, warysch) (II.) kochen
washkyj schwer
washlywyj wichtig
wata (w Ez) Watte
wch/id (-ody) Eingang
wchod/yty (-shu) (II.) eintreten
wd'atschnyj dankbar
weloßyped (-y) Fahrrad
welykyj groß
weß' ganz
weßelyj fröhlich, lustig
weßel/ytyß'a (-'uß'a) (II.) sich vergnügen
weßil'a (=) (s) Hochzeit
wetscher/'a (-i) (w) Abendessen
wetschir Abend
wid (+ 2.) seit, von (örtl.)
widbukßyr/uwaty (-uju) abschleppen
widda/waty (-ju) abgeben
widji/chaty (-du) (v) abfahren
widjishdshaty abfahren
widkry/ty (-ju) (v) öffnen
widkrywaty öffnen
widlitaty abfliegen
widpotschywaty (aus)ruhen, sich erholen
widpowid/' (-i) (w) Antwort
widpowidaty antworten
widpußtka (w Ez) Urlaub
widßtalyj rückständig
widwidu/waty (-ju) besuchen
wik (-y) (Lebens-)Alter
wikno (wikna) (s) Fenster
wil'nyj frei
wirno richtig (Umst.)
wir/yty (-'u) (II.) glauben
wisyt (-y) Besuch
witaty (be)grüßen; **witatyß'a** sich grüßen
wlaßnißt' (w Ez) Eigentum
wlaßnyk (-y) Besitzer
wnysu unten
woda (wody) (w) Wasser
woh/on' (-ni) Feuer
woksal (-y) Bahnhof
wolohyj feucht
ws'aty (wis'mu, wis'mesch) (v) nehmen
wshe schon
wße alles
wßt/awaty (-anu) aufstehen
wsutt'a (=) (s) Schuhe
wtom/ytyß'a (-l'uß'a, -yschß'a) (II., v) müde werden
wtschora gestern
wulyz'/a (-i) (w) Straße
wwis (Ez) Einfuhr
wybatschatyß'a sich entschuldigen
wych/id (-ody) Ausgang
wychod/yty (-shu, -ysch) (II.) aussteigen
wyjisd (sa kordon) Ausreise
wyjishaty abreisen
wy/jty (-du) aussteigen
wykladaty unterrichten, lehren
wynnyj schuldig

wyrischu/waty (-ju) entscheiden
wyrischyty (II., v) entscheiden
wysnatschni pam'atky (Mz) Sehenswürdigkeiten
wyßokyj hoch

Z

zentr (-y) Zentrum
zerkw/a (-y) (w) Kirche
zikawyj interessant
zikaw/ytyß'a (-l'uß'a, -yschß'a) (II.) sich interessieren (für)
zil/uwaty (-uju) küssen
zina (ziny) (w) Preis

Die Autorinnen

Natalja Börner, Jahrgang 1955, ist gebürtige Ukrainerin, aufgewachsen unweit der Stadt Saporishshja, am Dnepr gelegen, wo die berühmten Saporoger Kosaken zu Hause waren. Sie hat in Charkow Geschichte und Sprachen studiert und ist 1977 mit ihrem deutschen Ehemann nach Leipzig übergesiedelt.

Ulrike Grube, Jahrgang 1955, wurde in einem kleinen Städtchen in Sachsen-Anhalt geboren, studierte russische und ukrainische Sprache an der Universität Leipzig und promovierte über die ukrainische Sprache. Ihre Kenntnisse über die Ukraine hat sie während mehrerer Studienaufenthalte, durch engen Kontakt zu Ukrainern und durch ihre Arbeit an der Universität gewonnen.

Beide arbeiten an der Sektion „Theoretische und angewandte Sprachwissenschaft" der Universität Leipzig auf dem Gebiet der ukrainischen Sprache. Darüber hinaus engagieren sie sich mit großer Begeisterung in der Interessengemeinschaft „Ukraina", um die ukrainische Sprache, Kultur und Geschichte bekanntzumachen und ihre Liebe für dieses Land zu vermitteln.